德国登山协会攀岩全攻略

攀石技术·策略·科学训练法

[德] 吉多·科斯特迈尔 著
张世胜 王嫣然 译

北京体育大学出版社

策划编辑：孙宇辉
责任编辑：吴　珂
责任校对：井亚琼
版式设计：嘿森林青创

北京市版权局著作权合同登记号：01-2022-0038
Title of the original German edition:
Der Boulder-Coach: Technik·Taktik·Training

图书在版编目（CIP）数据

德国登山协会攀岩全攻略. 攀石技术·策略·科学训练法 /（德）吉多·科斯特迈尔著；张世胜，王嫣然译. -- 北京：北京体育大学出版社，2022.9
ISBN 978-7-5644-3601-8

Ⅰ. ①德… Ⅱ. ①吉… ②张… ③王… Ⅲ. ①攀登（登山运动）Ⅳ. ① G881

中国版本图书馆 CIP 数据核字 (2022) 第 010005 号

德国登山协会攀岩全攻略 攀石技术·策略·科学训练法　　[德]吉多·科斯特迈尔 著
DEGUO DENGSHAN XIEHUI PANYAN QUANGONGLÜE　　张世胜 王嫣然 译
PANSHI JISHU CELÜE KEXUE XUNLIANFA

出版发行：北京体育大学出版社
地　　址：北京市海淀区农大南路 1 号院 2 号楼 2 层办公 B-212
邮　　编：100084
网　　址：http://cbs.bsu.edu.cn
发 行 部：010-62989320
邮 购 部：北京体育大学出版社读者服务部 010-62989432
印　　刷：北京瑞禾彩色印刷有限公司
开　　本：710mm × 1000mm　1/16
成品尺寸：170mm × 240mm
印　　张：9
字　　数：152 千字
版　　次：2022 年 9 月第 1 版
印　　次：2022 年 9 月第 1 次印刷
定　　价：96.00 元

写在“嘿森林户外运动丛书”第一辑出版之际
（代前言）

2022年4月，教育部印发《义务教育课程方案和课程标准（2022年版）》，规定全国九年义务教育学校各年级均须开设体育与健康课，占总课时比例10%～11%。由此可见，体育的价值越来越得到重视。

“嘿森林户外运动丛书”是嘿森林（北京）体育科技股份有限公司（简称嘿森林）引进的一套关注户外教育和体育运动前沿领域的图书，专业性、实践性是“嘿森林户外运动丛书”的特色。德国登山协会攀岩全攻略系列五种图书是“嘿森林户外运动丛书”的第一辑，是从德国引进的攀岩教材，也是德国登山协会教练获取行业资质的指定教材。全系细分为人工岩壁、自然岩壁、攀石技术・策略・科学训练法、安全和装备、技术・策略・心理五个主题，既权威专业，又贴近实践，代表了德国攀岩领域的较高水平。我们本着将德国登山攀岩运动多年的经验和成熟的体系介绍给国内读者和攀岩爱好者的目的出版该系列图书，这不仅能为国内攀岩运动在基层推广创造有利条件，而且能为青少年户外攀岩项目提供专业支撑，助力中国攀岩运动的发展。

嘿森林致力于发展中国户外素质教育，并向社会提供优质专业的户外教育体验服务，陪伴孩子快乐成长，同时利用自身资源引进国外的户外素质教育方法和教学手段，致力于为中国青少年构建自然、和谐、阳光的素质教育成长环境，让他们“融入自然、快乐成长”。

作为一家从事户外教育的企业，重视生态文明和可持续发展是嘿森林的企业文化基础，我们坚持国家倡导的绿色发展观，从娃娃抓起，让青少年在户外运动中欣赏祖国的大好河山，用科学的方法使其与大自然友善相处，并和谐地融入大自然，帮助他们树立环保理念、提升环保意识，将爱护祖国绿水青山的理念根植于心。

在引进德国登山协会攀岩课程体系并使之落地的过程中，嘿森林与北京青少年营地教育协会、体育院校、攀岩馆等相关方进行深度合作，共同研发了“中国青少儿攀岩九级训练及评价体系”。采用分级训练有助于提高青少年儿童的攀岩技能和对攀岩运动的兴趣，培养其特长，使他们感受锻炼的乐趣，提高他们脑、心、手并用的能力，挖掘自我锻炼的潜力，从而使其养成良好的锻炼习惯，为终身体育打下良好基础，最终达到促进青少年身心健康成长的目的。

作为专业的户外运动教育机构，嘿森林将继续推出新产品，不断丰富“嘿森林户外运动丛书”。欢迎各方关注、指正，让我们一起为素质教育和健康中国贡献力量！

目　录

导言

近年来，攀石运动发展迅猛。15年前，攀石只是自然岩壁攀岩的一项训练内容。现在，攀石已发展成一项独立的运动。这主要归功于大城市里无数的攀岩馆，它们推动攀石发展成为今天的大众运动和健身运动。

男女老少都可以独自攀石，也可以与朋友或家人一起攀石。攀石的入门非常简单，只需一双攀岩鞋。

攀石的魅力在于简约和多样，乐趣在于解决攀石过程中的问题，攀石者可以创造性地提出解决方案并通过身体动作将其应用于岩壁。攀石的方法不分对错，只要能到达目标支点就行。每个人都能找到适合自己的最好的解决方案。

同时，随着新型支点的产生，从其他运动中不断衍生出新的攀爬方式，如攀石中的连续动态移动。但攀岩馆也面临许多挑战，如定期的线路更新和不时出现的冷清景象。

本书将介绍室内攀石的基础内容，不仅会讲解攀石装备，还会介绍攀石安全和攀石策略，并着重介绍攀石技术。由于正确的技术无法在缺乏力量时使用，本书还会给出一些有关训练所需力量能力的技术建议。

攀石给了我非常多的乐趣，这又反过来激励我多年来一直投身攀石运动。我希望读者能在阅读中获得乐趣与知识，最终成功攀石。

德国登山协会副会长

吉多 · 科斯特迈尔博士

装备

攀石是一项所需装备很少的运动。在开始攀石前，只需几种必带的装备，如攀岩鞋、镁粉、镁粉袋及胶布。本章会详细介绍这些基础装备。

攀岩鞋

攀石运动中，合适的攀岩鞋可能是最重要的装备。通常情况下，一双攀岩鞋几乎不可能适用于所有攀爬场合。比如，一些鞋适用于脚尖钩点，一些鞋适用于踩小型支点，而一些鞋适用于踩小型的指洞（参见第30页，指洞型支点）。攀石者往往携带不同类型的攀岩鞋攀爬不同的岩壁。

对称性

攀岩鞋可分为对称的和不对称的。无论你喜欢的是对称鞋还是不对称鞋，鞋型的选择都取决于自己的脚型。不对称鞋适合“埃及”脚，而对称鞋适合“罗马”脚。

穿不对称鞋时，最好用大脚趾的顶端踩点，将大脚趾作为有力支点，可以踩住更小的脚点，特别是小型的指洞或缝隙；穿对称鞋时，最好用大脚趾内侧踩点，这有利于攀石者攀爬垂直或近乎垂直的岩壁。

大小

无论是对称鞋还是不对称鞋，一双合适的攀岩鞋都必须紧密贴合脚部。也就是说，脚趾要被鞋紧紧包裹。但是，鞋也不能过紧。否则双脚疼痛难忍，攀石者没办法进行攀爬。

足部弓起

与步行鞋不同，足部弓起的鞋只有鞋尖和鞋后跟接触地面。足部弓起的鞋有利于攀石者在支点处挂脚或进行高难度动作，这对于攀石者在悬垂时将身体拉向岩壁非常重要。同时，攀岩鞋能调整挂脚动作中脚后跟的位置，有利于脚与支点的紧密贴合。

穿攀岩鞋时，你能明显感受到足部弓起，鞋后跟很难提上，你只有利用鞋后部的拉环，才能提上鞋后跟。穿好后，鞋完美贴合脚部，脚趾被压进鞋尖。较紧的攀岩鞋可以更好地贴合脚尖部位，中间不留

①用大脚趾内侧踩点
②用脚尖踩指洞

一丝空隙，较舒适。不过，初学者不需要使用过紧的攀岩鞋。

钩挂支点用的橡胶

为了更好地钩挂支点，鞋跟处的橡胶十分重要。脚趾上方的橡胶可使攀石者在钩脚时更好地保持身体稳定，但橡胶的质量往往参差不齐。此时，攀石者应选择橡胶完全覆盖住脚趾的攀岩鞋。

攀岩鞋类型

根据穿戴方式，攀岩鞋可以分为系带式、粘扣式和拖鞋式。粘扣式攀岩鞋可快速穿脱、调节松紧，十分适合攀石；系带式攀岩鞋也可调节松紧，使其准确贴合脚部；拖鞋式攀岩鞋的鞋底通常较薄，能让攀石者在攀石过程中更好地感受支点。但是，使用时攀石者必须选择非常合脚的拖鞋式攀岩鞋，因为这种攀岩鞋的固定性较差。

建议

攀石者至少应准备两双攀岩鞋。一双通常是比较坚硬的新鞋，用来攀爬支点较小的线路。另一双则是比较柔软的攀岩鞋，它可以让攀石者更准确地感受支点。

选择攀岩鞋最关键的因素是合脚。攀石者不能因为广告或一些模特的展示就直接购买，而应该认真试穿一些不同厂家生产的攀岩鞋。知名厂家生产的攀岩鞋的质量和摩擦性能差异不大。重要的是找到真正适合自己的攀岩鞋。

③ 高鞋弓攀岩鞋

④ 脚趾稍微弯曲，攀岩鞋就会合脚

镁粉

攀石运动中镁粉不可或缺。镁粉可使皮肤变得干燥，从而增大手部与支点表面之间的摩擦力，使攀石者更好地抓握支点。但是，过多的镁粉也容易使手从支点处滑脱，因此攀石者必须清理支点。

在攀石运动中可以采用不同形态的镁粉，但镁粉球并非理想的选择。因为它无法真正使手指沾满镁粉，而且此类镁粉容易从手指脱落。而液体镁粉停留在皮肤上的时间更长，干燥性更好。但使用液体镁粉后，攀石者必须擦护手膏。

最好选择专门为攀石而生产的镁粉，即镁粉和其他皮肤干燥剂的混合物。另外，还可以选择小块的“精细”镁粉。

镁粉袋

攀石时，可将一个较大的镁粉袋放在地面上使用。攀石者可以将两只手伸进镁粉袋擦好镁粉，这样可以减少粉尘。标准的镁粉袋上可以固定两到三把刷子，其上还有拉链口袋来装砂纸、激光笔、手机和钥匙等小物件。

支点刷

正确的攀石操作包括清理支点。除去支点上的镁粉、橡胶碎屑和灰尘可以使支点表面保持粗糙，让攀石者更好地抓握支点。因此开始攀登之前，每位攀石者都应先清理支点。

市面上有很多不同材质的支点刷。天然材料和尼龙材料哪个好呢？对于攀岩馆中的粗糙岩壁而言，比较坚硬的鬃毛刷子更为合适。攀石运动的基本装备包含两把刷子：较小的刷子用来清理小型支点或缝隙，比如指洞，也可以使用旧牙刷；较大的刷子用来清理较大的支点和造型支点。当攀石者使用大刷子清理较大的支点时，必须注意抓握的支点是否稳定，以及手指放置的位置是否合适。否则，攀石者很容易在清理时弄伤手指。

清理高处的支点时，攀石者一般使用带刷头的清理杆。

护肤

攀石时，粗糙的支点虽便于抓握，但容易损伤皮肤。攀石后，攀石者常常会感到手指有灼烧感。为避免对皮肤造成进一步损伤并快速为皮肤补水，需要及时护肤。

胶布

胶布也属于重要装备。攀石时，如果

攀石者经常用固定姿势抓握支点，就会使某个部位的皮肤持续被压紧或摩擦，导致皮肤受损。为了避免这种情况，可以在常受磨损的皮肤部位提前贴上胶布。如果仍出现伤口，也可以将胶布粘在伤口上。如指关节受伤时，可以贴胶布。想知道如何在受伤部位有效地使用胶布，可以参阅第130页。

质量较好的胶布应当薄且有锯齿状边缘。攀石者可以轻松地将胶布从胶布卷上撕下来。通常，胶布的宽度会比你所需要的宽度宽些。因此，攀石者应将一卷胶布分成一宽一窄两条。

砂纸

在手部皮肤开裂前，手部的茧子上会先出现细小裂纹。使用砂纸可以有效地去除这些裂纹。因此，攀石中常使用砂纸磨手部皮肤。攀石者可以选择较细的砂纸，或是选择较贵的皮肤磨砂纸。

护手霜

攀石结束后，应使用护手霜保养因镁粉而干燥的手指。攀石或攀岩专用的护手膏可以迅速修复敏感皮肤，加速滋润皮肤，并具有一定的抗菌性。

攀岩教练的建议

要保证镁粉袋的封口干净，可以使用双绳扎口。

① 攀石装备：镁粉袋、镁粉、一软一硬两把支点刷、胶布、砂纸和专用护手霜

② 使用清理杆清理支点

安全，攀石规则，热身和放松

攀石者们普遍认为攀石是最安全的攀爬方式，因此常常忽视安全问题。在室内攀岩馆中，有远见、细心是避免事故最重要的先决条件。而且，了解攀石规则也是有百利而无一害的。最后，攀石者在开始攀石前应注意：进行适当的热身和放松，以防受伤。

安全

在开始攀石之前，为了给自己以及攀岩馆内其他人提供一个安全、无害的攀石环境，攀石者需要注意一些基本事项。在攀石过程中，口袋里不要放钥匙、手机等硬物。所有必需品都要放在镁粉袋的拉链口袋里。

脱落

攀石过程包括每一次跳跃、脱落。即使是在较低高度，不正确的着陆方式、与物体或者人员发生碰撞都会使攀石者受伤。此外，频繁的跳跃和脱落也会导致膝关节和脊柱受损。落在保护垫上时，未受

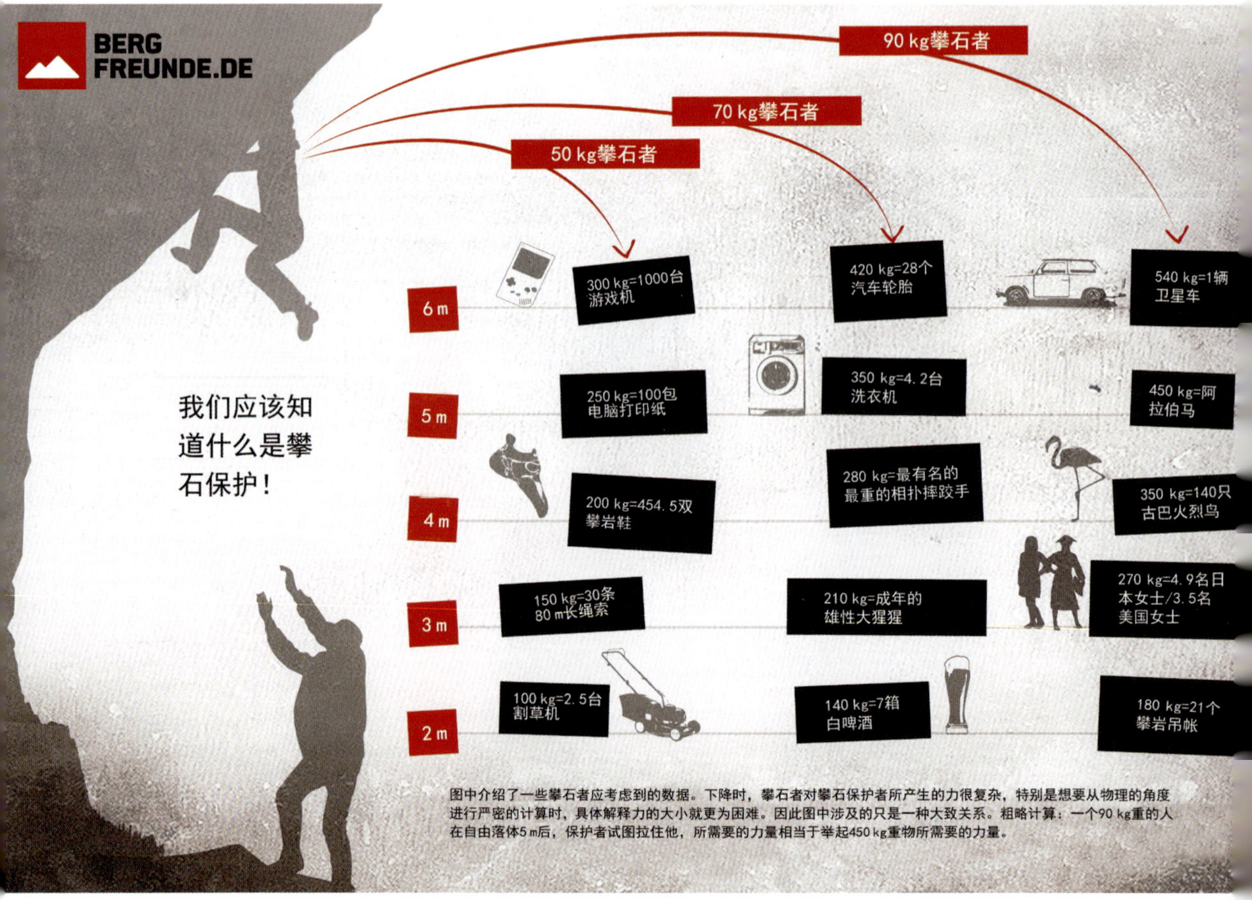

虽然图表中具体的物理量是质量不是力，但是图表仍然非常清楚地描述了脱落过程中产生的力

过训练的人很容易崴脚。

攀石者在着陆时产生的“力量”很大。仅仅2 m的自由落体后，他会以超过22 km/h的速度撞击地面。3.5 m这个高度在攀岩馆里并不罕见，如果从3.5 m处坠落下来，他会以接近30 km/h的速度撞击地面。

脱落区域

在攀岩馆里攀石时，攀石者应该脱落于攀石保护垫上，并保证脱落区域足够空旷。此外，一位优秀的攀石者应能在攀石过程中考虑到可能会发生的危险事故，并且尽量规避危险。因此，在攀岩馆攀石时，正确评估脱落区域并远离其他物体和人员是非常重要的。在攀石过程中，为避免脱落和跳跃造成伤害，应注意以下事项。

- 保持脱落区域空阔。
- 在进行攀石前与保护者进行沟通：保护者的保护行为是否有意义，是否有必要进行攀石保护。
- 根据攀爬高度选择正确的落地姿势或进行下攀。

仍然有人不知道脱落区域应该远离其他物体或者人。瓶子、刷子、镁粉袋等物品不应该放在脱落区域，就算是攀石者也不应该将它们放在这里。此外，未经训练或者无关的人员也有可能成为隐患。攀岩馆里常常有无知或者疏忽的攀石者穿过脱落区域。在攀石的过程中，有时候让其他攀石者去维持秩序是有必要的，这样可以确保脱落区域安全有序。

攀石保护

攀石保护是攀石的专业术语。攀石保护的目标是：避免攀石者撞击地板导致头部和背部受伤。

如果可能的话，攀石者应以双脚着地的姿势落在保护垫上，至少不要以背部或

瓶子不应放置在脱落区域。如果攀石者在挂脚时脱落，下方放置的瓶子很可能对其造成伤害

重要提示

攀石保护者和攀石者应当了解，攀石保护的目的并非接住攀石者，而是引导攀石者以双脚着地的姿势落到保护垫上。保护者应当有足够大的惯性来推动攀石者，也就是说他的体重应当和攀石者一样甚至更重。

头部着地，或者撞到障碍物。

何时进行攀石保护？

一般情况下，在室内攀岩馆进行攀石时并不需要攀石保护者，因为攀岩馆会提供符合标准的保护垫以及无障碍物的脱落区域。即使是在世界杯或其他比赛中也不需要进行攀石保护，这一点与室外攀石有所不同。多数情况下，在室外进行攀石运动时，攀石保护者扮演着非常重要的角色。

只有当攀石者很可能以背部、头部率先着地的方式脱落或与不可移动的障碍物碰撞时，才需要攀石保护。头部率先着地的脱落方式只有在挂脚失败时才有可能出现。如果拱门状岩壁没有妥善安装，就会导致碰撞的发生。除此之外，在拱门一侧仰角岩壁上跳跃时，攀石者也可能与相对的岩壁发生碰撞。这时，就需要保护者来进行攀石保护。

需要进行攀石保护的原因还包括攀石者经验不足以及在脱落时抱有恐惧心理。

怎样进行攀石保护？

由于攀石者在自由落体期间会产生巨大的能量，因此保护者只能在一定高度范围内，即攀石保护区进行攀石保护。在高度低于1 m的范围内，基本上不需要保护者

攀石保护区的高度为1~3 m

提供攀石保护。

此时，只有保护垫能发挥保护作用。为了引导攀石者以双脚着地的姿势落到保护垫上，保护者必须站在攀石者的背侧，这样做可以提高保护高度。攀石者的身体应尽量处于保护者的可触及范围内，可以超出一点，但距保护者的最远距离不超过3 m。依据攀石者的臀部位置，攀石保护区的高度为1~3m；1 m是保护者以跪姿所能控制的高度，3m是保护者站起来伸直胳膊所能控制的高度，但现实中攀石者也可能会处于保护者无法提供攀石保护的50~80 cm的高度。

对于攀石保护者来说，在攀石者超出攀石保护区的情况下对其进行攀石保护，是有一定危险性的。攀石者不受控制地脱落所造成的手臂或腿部受伤的风险与脱落高度成正比。这时学会衡量危险很重要。由于室内攀岩馆会提供符合标准的保护垫及无障碍脱落区域，因此当攀石者超出攀石保护区时，此时的攀石保护不是必须的，但有时必须选择放弃过于危险的线路。

基本姿势：攀石保护者双脚分开与胯部齐宽，站定，膝盖略微弯曲，手臂也略微弯曲并朝向上方。双手应尽可能靠近攀石者背部，放置在其肩胛骨下方。手掌与攀石者背部平行。将拇指放在食指上，以免受伤。当攀石者处于攀石保护区以下的高度时，保护者需以跪姿进行攀石保护。

协商：在开始之前，保护者要先与攀石者讨论是否有必要进行攀石保护，如果要进行攀石保护，还应当讨论以什么方式进行。否则，善意的举动可能成为一种危险的“推动”。

全神贯注：在攀石保护过程中仔细观察攀石者，并预测可能的脱落过程。

攀石保护的练习顺序如下。

注意：在进行所有练习时，脱落者必须尽可能绷紧身体。

- 攀石者双臂下垂，站在地板上，身体绷紧往后倒，保护者站在攀石者身后并接住他。

  A 双手直接放在攀石者身上。

  B 双手之间的距离不超过0.5 m。

- 攀石者从岩壁上0.5 m高处跳下，重心略微靠后。保护者用双手在攀石者肩胛骨下方位置施力，引导攀石者脱落。
- 像上面提到的一样，从1 m高处跳下（攀石者的肩胛骨应略高于保护者的保护范围）。
- 在陡峭的仰角岩壁或屋檐型岩壁上进行攀石保护。

在有不可移动的障碍物的情况下，保护者必须给脱落者一个定向推力，使脱落者避开障碍物——必须将他推向一边。

攀石者和保护者必须针对攀石保护中的定向推动进行单独练习。如果没有经过协商，意外的推动可能会危及攀石者的安全。因此，攀石者和保护者只有经过练习，才能在攀石保护时进行定向推动。

如果攀石者在无法握紧支点的情况下向侧方跳跃飞出，那么在其跳跃至另一边时，保护者几乎无法提供攀石保护。在这种情况下，攀石者应当尝试在空中侧身，并以手肘夹住身体的姿势落地。

主动脱落VS下攀

攀石者最终都会落地，但问题在于如何落地。如果攀石者经常从高处主动脱落并且硬着陆，长此以往可能会导致背部和膝盖出现永久性损伤。正确的脱落和着陆可以有效避免这些问题。

选择哪种着陆姿势与攀石者所处的攀爬高度密切相关。在至多齐腰的攀爬高度下，攀石者几乎不可能调整落地姿态，这时应该使用婴儿般蜷缩式姿势落到无障碍物的脱落区域（参见第16页图片）。在1~3 m的高度下，攀石者应当主动脱落并以双脚着地的姿势落地，如果有足够的冲坠空间，他还可以在落地后向后滚动。当高度超过3 m时，建议攀石者向下攀爬至合适高度，然后跳下。如果无法下攀并且有足够的脱落区域，那么双脚落地并在落地后翻滚是最佳姿势。

婴儿般蜷缩式姿势

这是一种从较低高度脱落时背部滚动的姿势。当攀石者以双脚或以臀部率先着地时，可以在落地时主动地向后倾斜身体，同时手臂弯曲，双手握拳，抬起头。在任何情况下，攀石者都不应该用双臂向后支撑自己的身体。因为这可能会伤到肩膀、手臂或手。使用这一姿势后，攀石者最终的身体姿态就像向后躺着的婴儿一样，因此该姿势被称为“婴儿般蜷缩式姿势”。攀石者可以通过这一姿态来延长制动距离，从而保护膝盖和脊椎。

婴儿般蜷缩式姿势的练习顺序：

- 蹲下，身体向后倾斜做出婴儿般蜷缩式姿势。
- 从垂直岩壁上靠近地面的位置（离地面0.5~1 m）脱落，以双脚着地的姿势落地并立即向后倾斜身体做出婴儿般蜷缩式姿势。
- 如上所述，在仰角岩壁上练习。

跳下岩壁及延长缓冲

攀石者可以从较高的位置脱落并双脚着地。此时的关键是要尽可能地延长缓冲时间以延长制动距离。

双脚落地的练习顺序：

- 高度从0.5 m逐渐增加至1.5 m，重复跳下，身体放松，双脚落地。

双脚落地与婴儿般蜷缩式姿势相结合

若脱落区域空旷，攀石者在从较高处脱落时，可将双脚落地与婴儿般蜷缩式姿势结合使用。落地后应首先弯曲膝盖，然后向后翻滚。紧接着使用婴儿般蜷缩式姿势，延长制动距离。或者在落地后向一侧翻滚。此时不要用手臂支撑，而应将手臂放在身体两侧。

与婴儿般蜷缩式姿势相结合的双脚落地的练习顺序：

- 高度从1 m逐渐增加至2.5 m，重复跳下，身体放松，双脚落地，并使用婴儿般蜷缩式姿势。

下攀

当所处攀爬高度在3 m以上时，下攀是最佳选择。当攀爬高度小于3 m时，也可在主动跳下岩壁前先下攀一段距离。下攀时，攀石者先将一只手放于齐腰支点处，使重心慢慢朝这只手臂的前臂移动，然后移动另一只手臂和脚。若是在正角岩壁上，攀石者还可以背靠岩壁下攀。采用这种方式，攀石者可以看清脚点，在主动跳下岩壁时也可以看清脱落区域。

下攀的练习顺序：

- 在最多3 m高且线路较为简单的直壁攀石区域内进行下攀练习。
- 在最多3 m高且线路较为简单的仰角岩壁上进行下攀练习。
- 在屋檐型岩壁上进行下攀练习，并主动跳下岩壁。
- 在正角光滑岩壁上进行下攀练习。

儿童和青少年

对儿童和青少年而言，攀石安全问题尤为重要。一方面，他们还无法正确估测在攀岩馆进行攀石运动的危险程度。另一方面，攀岩馆里无人照管的儿童本身就是安全隐患。

戒指

在攀石时，佩戴戒指是十分危险的，因为在手打滑时戒指可能仍卡在支点上，而且戒指所导致的手指被割断或是划出深伤口的情况并不少见。因此在攀石前一定要取下戒指等首饰！

攀石教练的建议

安全攀石的五项规则：

1. 选择较为空旷的脱落区域。
2. 选择下攀而不是主动脱落。
3. 从岩壁上主动脱落时身体放松，双脚落地。
4. 只有在约定好后才能进行攀石保护。
5. 注意其他的攀石者。

腰部高度>3 m：下攀，放松身体，从岩壁上主动脱落并采取婴儿般蜷缩式姿势

腰部高度1~3 m：放松身体，主动跳下岩壁

腰部高度<1 m：以婴儿般蜷缩式姿势落地

攀石规则

登山运动和攀石的美妙之处在于除了比赛，其他攀石情境中都没有裁判。然而，想要认真攀石的人，通常都会对自己坦诚，会“通过公平的方式”不依赖于他人的帮助进行攀石。以下几点给出了一个方向，指明了攀石运动的规则，即使它们没有被纳入任何一套规则框架。经过多年的发展，这些规则也得以延续和传承。除比赛之外，没有人必须在攀石过程中遵守这些规则。每个人都是自己的裁判，可以自行决定什么时候攀爬哪条线路。

难度

攀岩馆中的线路通常用不同颜色的支点或胶条标记，色标可以反映难度等级（参见第135页，枫丹白露标准）。攀石者要想按照规则完成线路，只能利用自己所攀爬的线路上的手点和脚点，特殊情况下可以使用岩壁上的造型点，这些造型点可供所有攀石者使用。除了起始手点，攀石者可以充分发挥自己的创造力，自行决定手点与脚点的攀爬顺序。

开始

在攀岩馆中，通常只标记起始手点。攀岩馆不同，标记物不同。有的攀岩馆使用白色颜料标记，有的使用小的有色胶条标记。为了按照规则进行攀石，攀石者至少得有一只脚已经攀上岩壁，且双手必须放到起始手点处；如果未标记起始手点，那么攀石者可以从尽可能低的位置开始！

在正式比赛中，除了起始手点，起始脚点也会被标记。但是在攀岩馆中这种情况比较少见。在比赛中，只有当攀石者离开地面并触碰到所有被标记的手点或者脚点，才可以开始移动。

用白色颜料标记的起始手点

结束

只有当攀石者双手牢牢握住最后一个手点时才算攀石成功。牢牢握住意味着，双手握住结束手点的时间至少达到三秒。许多线路上的结束手点只够放置一只手，在这种情况下，另外一只手只能勉强接触手点或握住前一只手，从而表明其可以实现抓握。只有当攀石者完全离开岩壁时，才可视为完成线路。结束手点有时没有做任何标记，攀石者通常可以自己根据情况决定哪里是结束手点。

正确的开始方式

攀石者可以从所有可行的位置开始攀石，部分开始方式难度较大。以站立的姿势开始最简单，要想轻松地以坐着或躺着的姿势开始则需要一个理想的开始位置。以坐姿开始时攀石者通常需要离岩壁更近，根据岩壁的不同，攀石者可尝试侧向移动，或者坐在地上开始。选择坐姿开始时，攀石者要尽可能蜷缩身体。此外，攀石者不一定非要以左手抓握左侧手点、右手抓握右侧手点的方式开始，攀石规则中没有明确规定以何种抓握方式开始，所

① 以双手交叉抓握手点的方式开始
② 以坐姿开始时，找到正确的位置很重要
③ 以倒挂式开始

以攀石者可以尝试双手交叉抓住手点，这样更简单并且更有效。有时，一些攀石者会以双腿高过头顶的姿势开始攀石，这种情况下攀石者没有起始抓握点，只有一片被双手触碰的表面。

触碰垫子

在转角处或在屋檐型岩壁处，一只脚触碰到垫子的情况很容易发生。垫子上的黑色痕迹表明很多人都会碰到垫子。碰到垫子会使攀石变得更加容易，但这一行为是不被认可的，同时它也不是正确的攀爬方式，这时你必须重新攀爬。

太高还是太低？

攀石的困难之一在于手点相距甚远。攀石者经常通过换手来解决这种问题。对于长距离移动或缺少脚点的情况，身高较高的攀石者通常更有优势，较矮的攀石者可以通过使用额外的脚点来弥补自身的不足（参见第19页，攀石教练的建议）。

另外，身高较高给攀石者带来的不是只有优势。例如，从坐姿位或从紧密排列的手点、脚点开始攀石时，攀石者必须让自己蜷缩得更紧，这对较高的人而言更困难。但攀石时出现问题并不全是因为身高太高或太矮，有时只是因为没有正确的解决方案。

攀石教练的建议

对身高不足、臂长不够的儿童和成人来说，手点相距较远。这种情况下可以使用被标记了其他颜色的脚点和手点。如，一些攀岩馆有白色的手点、脚点，这样儿童和较矮的成人就可以完成攀石了。

在转角处攀石时，一只脚触碰到垫子

镁粉袋

在攀岩馆内，人们不应随身携带镁粉袋进行攀爬。否则，在跳下来时镁粉容易从镁粉袋内洒落并污染场馆环境。一般情况下，攀石者在开始进行攀石时涂擦一次镁粉便足以使双手保持干燥。

清洁

攀爬前对手点和脚点进行清洁是良好的行为习惯。它会使攀石者在手点上的动作更容易完成，也会使脚点保持无灰尘、无橡胶残留物的状态。每一名攀石者应随身携带一把刷子，并定期使用刷子进行清洁。针对高处的手点，攀岩馆应提供清理杆以供攀石者使用。

共同攀石

人们正忙于攀爬某条线路时，很容易忘记周围的环境。人们不应独自占用线路，而应当与其他人共同体验攀石。这条原则不仅适用于自己所攀爬的线路，也适用于同一区域上其他颜色的线路。

顾及他人

攀石线路的走向并非自下而上始终保持笔直，它往往是弯曲的，并且一条线路会与其他线路相交错。不同线路的脱落区域也会有所重合，因此，攀爬前攀石者应当首先确认是否有他人正在同一片区域攀爬，并确认相应线路的走向情况。若不同线路相交错或脱落区域相重合，人们应与他人保持一定距离并等待片刻，以免干扰到他人。人们在攀石时可以通过余光观察周边的情况，如果有人在攀石者周围活动，哪怕他仅仅是在清理支点，这都会对攀石过程产生重大影响。

攀岩馆内很少会有如此空旷的情况——在有目的地转向下一条线路的过程中，尤其是在变线点上，应记得向上观察

热身

攀石运动对于攀石者的最大力量、身体紧张度、柔韧性要求较高，其高负荷的特点也意味着攀石者受伤的可能性很大。热身能帮助人们防范风险并且做好所需的准备工作。热身不仅仅是使身体变暖，更要使攀石者在思想上对攀石做好准备，全神贯注并保持头脑清醒。就这点而言，热身分为两个步骤，首先是一般意义上的身体热身，其次是特殊热身。

一般热身

一般热身，指的是通过一些简单练习来促进心血管系统循环，如进行3~5分钟的慢跑、跳绳或者其他类似的运动。

可以通过揉捏软质橡胶环或垒球至少5分钟，每20~30秒换一次手的方式对手指进行热身。这对前臂肌肉、手上的肌腱都有很好的热身效果，也可以促进关节滑液的产生。最后还可以防止受伤。

为了提高身体的柔韧性和张力，大家可以进行柔韧性练习（参见第124页，柔韧性）或者传统的拉伸运动。

特殊热身

正式攀石前，在简单岩壁上攀一些较大支点，可以对要用到的肌肉进行热身，并使攀石者的注意力集中在移动次序上。有很多支点和进行过多次攀爬的区域都非常适合进行这种热身。附加额外任务的攀石对人们集中精力是格外有利的。此类热身总共2分钟，要注意以下的附加任务：

- 轻踩：不发出声响的放脚。
- 呼吸：在每次抓握新支点时有意识地呼气。
- 触碰——引导：对每个支点都只能进行一次抓握。不要二次抓握，也不要对已成型的抓握进行修正。

最后进行3~4次简单攀石。

流程：

- 3~5分钟的慢跑或跳绳。
- 5分钟的揉捏橡胶环或垒球。
- 柔韧性练习或传统拉伸运动。
- 上攀。

  A 在岩壁上移动2分钟。

  B 3~4次简单攀石。

放松

放松活动有利于身体恢复，通过单侧拉伸可缓解肌肉的不平衡状态。

攀石后，攀石者可进行3~5分钟轻松的攀石移动来达到恢复身体的目的。推荐用简单的上肢拉伸活动来放松肩胛带与手臂等部位。

每一个上肢拉伸活动应持续10~20秒，一整套动作须完成一到两组。过程中攀石者应感受到轻微的拉伸刺激，而不是拉伸痛感。

拉伸胸部肌肉

侧身站在岩壁旁，靠近岩壁的腿在前。同侧手臂与肩同高，抵在墙壁上并用力向后伸展。转头，试着越过对侧手臂的肩膀向外看。这样可以拉伸胸部的肌肉。

拉伸手臂

保持站立，举起一只手臂，将手朝后向背部拉伸。另一只手将肘部向下按压，直至感受到轻微的拉伸刺激。

弯曲手指

保持站立，伸展一只手臂，掌心朝上旋转手臂。另一只手五指并拢，将手掌轻轻向后压。

拉伸手与手指

保持站立，一只手臂向下伸出，手握拳。另一只手抓住拳头并将伸出的手臂向上拉。

① 拉伸胸部肌肉
② 拉伸手臂
③ 弯曲手指
④ 拉伸手与手指

放松时的拉伸活动

攀石技术——基础

攀石是摆脱引力的艺术。当站在一块巨大的岩壁前时，有很多次攀石者都对攀爬无从下手。解决这个问题的方法是技术，这里的技术包括正确的热身和正确的抓握技术，如何适当地利用臂部力量或适量的摆动和身体张力进行攀爬。

技术和力量

正确地运用技术可以创造奇迹。这通常表现为攀石者以不同的方式移动臀部，以不同的方式踩点或以不同的方式抓握支点，仅仅这样，或许就能将不可能变为可能。但技术本身并不能解决所有问题。在应用某些技术时，有时不需要投入很大的力量。技术和力量之间的比例关系大约为1:1，所以这句话确实是真的，“没有力量，技术是枉谈；没有技术，力量也毫无用处。”因此，在下文中，我们在描述这些技术时，会参考所需的力量的要求（本书从第96页开始会提供相应的力量训练计划）。

中心运动元素

在攀石中，抓握、踩点、髋部运动以及张力和摆动的计量等运动元素至关重要。这些运动元素被总结在标准动作的技术模型中。

在新式攀石技术中增加了更多运动元素（参见第63页，特殊的攀石技术）。

抓握和踩点能使攀石者的身体接触到岩壁。同时，二者都能够使身体保持稳定状态。可以把自己想象成被钉在墙上的折尺，关节处可以弯曲和伸展，每次角度的变化也会引起其他关节的变化。如果将手和脚固定在墙上，那么臀部就有了最大的活动自由度，因此臀部作为第三运动元素，起着至关重要的作用。攀石者身体的重心位置大约在髋部区域，因此这里是身体重量最集中的地方。通过熟练的横移技术，身体的重量可以在手部和脚部之间进行分配。需要注意的是，攀石者要想向上攀爬，并非只能依靠臀部位移引导着身体向上移动和站立起身。此外，在整个攀石过程中保持良好的运动节奏非常重要。

为了便于更好地理解，可以使用以下术语：

- 握持手，指握在支点上的手。
- 抓握手，指继续抓握新支点的手。
- 握持手垂线范围，指握持手下方接近垂线的区域。
- 范围，指抓握手可达到的最大范围。

绿色代表范围，红色箭头代表握持手垂线

抓握手
握持手
握持手垂线

抓握

抓握的目标是让手以最佳形状贴合支点。这意味着手掌和手指在理想状态下应完美地适应支点的结构形状，这存在很多种抓握可能，关键点主要有两个：首先，拇指非常重要，伸展拇指将双手调整成类似一对钳子的形状，可使手更容易抓握支点，同时也扩大了运动范围；其次，与自然岩壁上的支点不同，人工岩壁上的支点是突起的，这使得攀石者可以从各个方向抓握支点，而不仅仅是看似可以。

攀石教练的建议

拇指是手指中力量最强的，为了使抓握更容易，建议尽可能经常使用它。根据支点的形状，拇指可以放在支点的侧面，或者放在食指的上方或下方。

支点类型

攀岩馆里的支点可以根据它们的形状分为不同的类型，每种类型的支点都有适当的抓握方法。

碗形支点

这类支点是最容易抓握的。它们主要出现在攀石线路的终点或较容易的攀石线路中。

柱形支点

这类支点上可以放置3~4根手指。我们通过悬挂（半开）或排列（弯曲）手指抓住它。通过手指弯曲，我们的手可以产生更大的抓握力，但这种方式会对手指的韧带造成更大的压力，并且容易导致手指受伤。

碗形支点

杠杆抓握

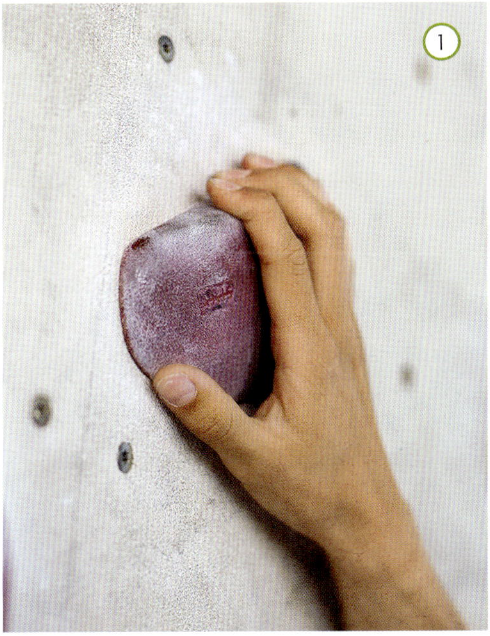

① 手指半开　② 手指弯曲　③ 拇指在食指上方　④ 拇指在支点的侧面

指洞型支点

这类支点的抓握难度很大程度上取决于手指的粗细。攀石者必须将手指“塞进”一个洞中，手指较细，指洞不会紧紧地贴在手指的周围，手指会在洞中“晃动”，如果手指与指洞配合得好，抓握它们会容易得多。

单指洞支点

在抓握单指洞支点时，我们通常用中指或食指。因为这两根手指能发挥最大的力量。

双指洞支点

根据手指尺寸和个人力量的强度，在抓握双指洞支点时，一般用中指和无名指或食指和中指固定身体。若使用胶带固定两根手指，可以更容易地抓握双指洞支点。

三指洞支点

抓握三指洞支点更适宜使用食指、无名指和中指，拇指和小指则可以在指洞外辅助，有利于抓握。

坡面支点

坡面支点是一个倾斜的支点。虽然

① 单指洞支点
② 双指洞支点
③ 对相对较细的手指而言，双指洞支点可变成一个三指洞支点

攀石教练的建议

在坡面支点上前臂和胳膊肘要紧贴岩壁。胳膊肘离岩壁越远，就越难抓握坡面支点。

支点位置相当清晰，但我们必须“一点一点地摸索”它。为了抓握坡面支点，手的大小很重要，它影响着攀爬的成功与否。一般来说，大手更有优势。在坡面上，攀石者必须沿着运动方向精准地抓点，否则就会失去摩擦力而从岩壁上滑落。

因此，在坡面支点上可能无法产生抓握住支点的真实感觉。抓握坡面支点主要依靠静摩擦力，所以攀石者身体的活动范围会变得非常小，他必须紧紧地靠近岩壁。

与其他支点有所不同的是，在坡面支点上手指的力量并不是那么重要，抓握支点更多的是依赖手腕和躯干的力量。其中，躯干力量更多用于难以控制的坡面支点，这在“挤压式攀石”或“冰箱式攀石”上特别典型（参见第87页，挤压式攀石）。

① 坡面支点上，施力的方向朝下，攀石者的身体贴近岩壁
② 对拉型攀石
③ 捏点

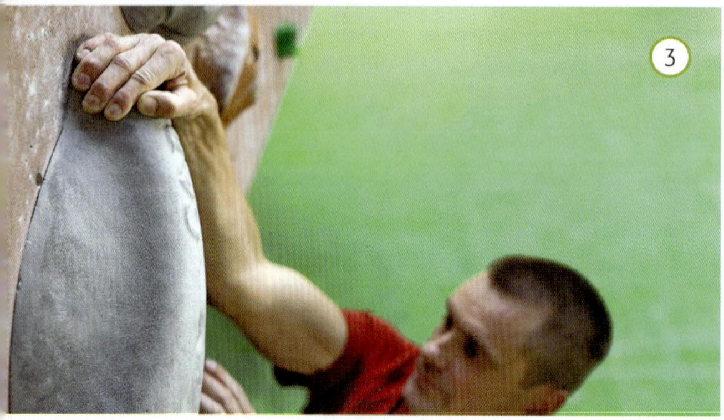

捏点

捏点是抓点的另一种称呼，顾名思义就是像钳子一样去捏住支点。拇指在捏点时非常重要。原则上，攀石者可以试着对每个支点都用捏点方式去抓握，岩壁上凸起的手点对于这种练习非常合适。

镊点

镊点是捏点的一种特殊情况。用拇指和食指去抓图①所示的凸出的支点，但是不要用太大的力气。在正角光滑岩壁和垂直岩壁上为了固定身体经常使用这种抓点方式。

岩壁边缘

如图②，岩壁边缘是一个很好的抓点选项，原则上岩壁边缘属于侧抓。岩壁上的螺丝钉孔提供了在岩壁边缘上固定身体所需的摩擦力，同时攀石者也可在造型点上通过拇指抓点。在岩壁边缘上的通常做法：沿岩壁上的线路靠近边缘，这样才能使攀石者保持最佳状态。更多专业的岩壁边缘攀石技术请参阅第84页。

圆包

较大的支点、造型点以及小平点（如图③）有时候也可以看作容易抓握的圆

① 镊点
② 在岩壁边缘用拇指抓点
③ 圆包
④ 造型点

包。支点被手指包覆，手掌朝着支点施压，拇指压住食指可提升力量。

造型点

造型点（如图④）是攀石的一种特殊抓点类型。特别吸引人的是，一条完全由造型点构成的攀石线路第一眼看上去似乎无法攀登，但实际上造型点的攀登方式是多种多样的，存在各种各样的可能性，这主要取决于造型点的类型、岩壁的坡度以及攀爬点的位置。如从坡面支点到捏点和支撑点，再到夹点。对攀爬造型点而言，唯一有用的就是不停地练习。

打钉点

打钉点（如图⑤）特别小，只能用螺丝钉连接到岩壁上。

特殊抓点技术

除了针对上述支点的抓点技术，还存在特殊的抓点技术，它可用于不同类型的手点。

撑

撑在攀石中非常重要，因为撑的手法在造型点和立体三维岩壁上会经常用到。

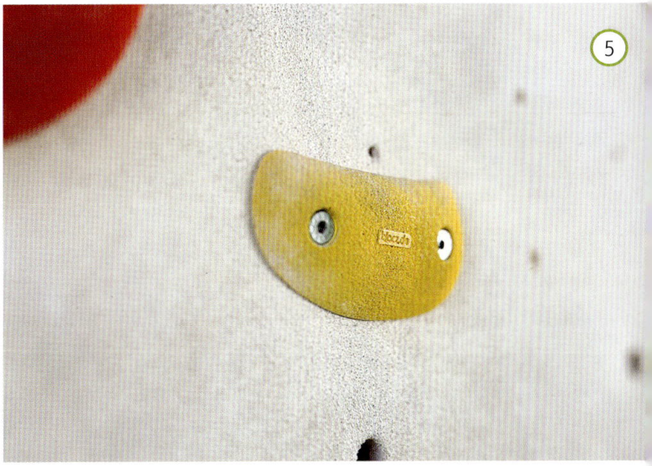

⑤ 打钉点
⑥ 用手指撑
⑦ 尽可能在所有方向上都使用撑的手法。攀石者可在典型的“撑攀石”上用撑的手法从上向下攀爬

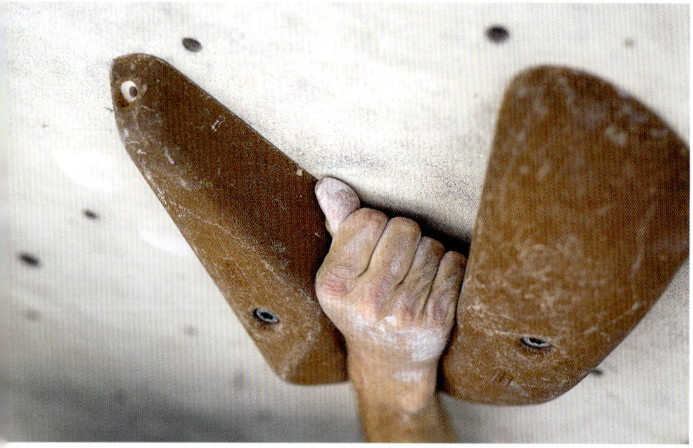

涨手

可以用多种方式去实现该手法，常见的是用手掌或者手指向下支撑，此时，手部的朝向不同会产生不同的效果，建议你选择比较容易攀爬的那个支点进行练习。此外，你也可以只用拇指在小支点上支撑或者在支点上朝下施力，抑或在岩壁结构上支撑（如图⑦）。在某些地方你还可以用前臂或者肩膀横向支撑。

涨手

这是攀爬自然岩壁上岩缝的经典方法，在室内攀岩馆里却不太常用。涨手是指把手指或手卡在两个支点间，从而进行攀爬的方法。

在岩壁上使用涨手技术时，将手指蜷曲或者用胶带缠住双手很有必要，否则皮肤受到损伤的可能性很大。

换手

特别是在攀石横移时，攀石者必须用双手抓住同一手点。但是一个手点上的空间有限，不够两只手一起抓握，因此攀石者必须在抓点时不停地换手。由此产生了不同的换手方法。

并手

并手就是将两只手放在同一手点上。同一支点上的双重抓握会让攀石移动变得容易很多，在某些攀石中还需要通过轮换手指，进行换手。如果手点足够大的话，就可以不用轮换手指；如果手点不够大的话，则应该预留一定的换手空间。

在小手点上优选的换手方法是：移开一只手的一根手指后顺势放上另一只手的一根手指。为了把手指移开，需要手臂和臀部轻微地向上运动。

在指洞上通常通过把手指移开的方式实现动态换手。即将两只手的手指叠放在一起，然后借助手臂和臀部的运动给手点暂时解压，进而抽出置于下方的手，实现换手。

上排图：小手点上换手

下排图：单手交替抓点

攀石训练技巧

即使有最好的抓点技术，攀石者也需要力量来保持抓点状态。从第98页开始，本书会介绍有关手指力量训练的内容。

攀石者“悬挂”在上方支点上。当握持手在垂线范围内（蓝色三角形区域内）时，双脚可以起到最佳支撑作用

在一只手松开支点时，要用另一只手迅速抓点。

单手交替抓点

在遇到较大、易抓取的支点时，可以暂时用单手攀爬，这样胳膊和髋部可以得到休息。此时，攀石者将一只手从支点上拿开，用另一只手固定住身体（参见第35页图片）。

施压方向

为了抓住支点或者让身体能够移动，攀石者不仅需要强大的指力和合适的抓握方式，而且需要正确的施压方向。

1

手点的受力部位可以分为：上、下和侧面，每一种受力部位都可以对应选取不同的抓握手法。

正抓

正抓针对的是最容易抓取的支点。攀石者只需挂在支点上，双脚就可以自由踩点。当握持手在垂线范围内时，双脚可以起到最佳支撑作用。

反提

反提明显比正抓费力。你除了需要强大的指力，还需要胳膊和躯干用力去靠近岩壁，并利用脚部施加的压力提紧手点。反提的好处是脚可以直接站在握持手垂线范围内。反提可以使身体继续向上移动。髋部越靠近反提的支点，手就越容易抓紧支点。反提的困难在于，人们必须伸

①反提。一只脚尽可能站在握持手垂线范围内，另一只脚侧过来去维持身体稳定

②～④依靠反提发力。用伸直的胳膊发力是比较困难的。当髋部接近支点的时候，反提会比较容易

直胳膊从下面抓握支点，这不是最理想的受力方式，因为此时髋部离岩壁较远，需要刻意用力使其贴近岩壁。

侧抓

侧抓依据负荷方向的不同可分为两种类型，一种是侧拉，一种是拉肩。两种侧抓类型都以著名的登山者的名字命名，“侧拉”被称作“Piaz”，“拉肩”被称作“Gaston”。

侧身抓点时侧拉技术非常常用，它是指保持脚与手的受力方向相反，且上半身向目标支点的方向移动的一种攀石技术。手点和脚点的距离越近，就越难抓住侧身支点。侧抓与侧身（参见第54页，侧身）相结合可以增大抓点范围。

拉肩时也是这种情况，区别在于，人们通常是在抓握肩膀高度处或者更高处的支点时使用拉肩技术，此时手与脚也在相反方向受力。

支撑法

支撑法可以根据需要在任何方向上使用。

① 侧拉。踩点后，脚与手的受力方向相反

② 拉肩

通常情况是向下或者向侧面支撑。在屋檐型岩壁处支撑力向上。起支撑作用的一般是手掌根部，极少情况下也可使用拇指或者其他手指支撑。

负重角度

负重角度根据抓点方式、岩壁角度、支点形态和目标方向而定。在抓握大型支点时攀石者甚至可以自由移动，但在坡面支点处，攀石者无法违背物理定律。摩擦力的方向决定了手点负重的角度。

大型支点

攀石者可以在许多方向上对大型支点施力。可以向下施加压力和向外施加拉力，虽然向外拉动更费力，但原则上是可行的。巨大的运动空间不仅增加了脚点的选择余地，同时使身体暂时离开岩壁成为可能。

坡面支点

负重角度在水平面或坡面支点上会小很多。同时，较小的移动空间限制了脚点

① 在所有方向都可实现的支撑。典型的攀石支撑需要脚踩到支撑点
② 大型支点的负重角度
③ 坡面支点的负重角度

选择。另外，为了不从支点上滑落，攀石者的身体必须离岩壁非常近，并且能够贴着岩壁移动。

施压方向和手点处的负重角度很大程度上决定了攀石者的攀爬方式和脚点的选择。至关重要的是，攀石者通过增大手部与支点的贴合程度以最大限度地抓稳支点，从而扩大移动空间和脚点选择。这可以极大地降低攀石的难度。

最佳抓点特征

抓点时应注意以下三个重要的特征。

最大化贴合

在抓点时，手部与支点形状的最大化贴合，即手指与支点结构的完美贴合是非常重要的。这样不仅有利于攀石者抓牢支点，而且有利于增加抓点时运动的可能性。例如，在坡面支点处使用捏点法抓点。

初次抓点

最大化贴合应该在初次抓点时完成，最迟也要在第二次抓点时完成。因为多次摸索抓点会耗费不必要的力量。

抓握手要尽可能长时间地置于手点上，并通过后续的下压动作拉动握持手

抓握手要尽可能长时间地抓在手点上

抓握手要尽可能长时间地抓在手点上，并通过对手点施加压力来为身体的移动提供动力。这样就缓解了手部肌肉压力，而且在极端情况下攀石者还可以借此实现动态移动，但记住：抓点实际上是个很顺畅的运动过程。

> **攀石教练的建议**
>
> 高效抓点的四条规则：
>
> 1. 认识支点类型并且在一开始就选择合适的手法抓点。
> 2. 使用拇指。
> 3. 对支点施加方向正确的力。
> 4. 用抓握手进行长时间的热身运动。

练习：抓点（手法）

为了感受手与支点的贴合度、手的受力方向以及触感，攀石者可以沿着岩壁走，随机抓点，同时移动上半身。这个练习可以帮助你很好地热身。

感受支点的形状和受力方向

踩

正确的脚法意义重大，它不仅要求攀石者精确地踩支点，还要求其将臀部运动与踩支点相配合，从而使整个身体运动更准确且流畅。

踩

踩支点实际上就是脚尖和大脚趾的蹬踩。不对称的攀岩鞋十分适合这种踩点方式，它能使受力转移到脚尖或大脚趾上，当所踩支点比较小时，需要小腿发力。穿着硬底攀岩鞋可以降低攀石者在小支点上站立的难度，减轻小腿发力的负担，如果攀石者难以在小支点上站立，可以对大腿和小腿肌肉进行专门训练（参见第120页，腿部力量）。

攀石者可以用脚尖内侧或外侧踩小型支点。重要的是，不要完全用一侧踩，也不要妨碍脚自由活动，踩点时可旋转脚或者提起脚后跟，以便继续移动。精确地踩点需要脚尖高于脚后跟，因此脚后跟要尽量放低。

①在中小型支点上用脚尖踩点
②在指洞上用脚尖踩点
③用脚尖外侧踩点

人们在室内攀石时，特别是在攀登造型点时，经常会发现要想依靠摩擦力攀石，需要攀岩鞋和支点之间形成一个尽可能大的接触面。最好的方法是把脚后跟放低。一双有着良好曲度的软底攀岩鞋能使借助摩擦力的攀石变得容易。在攀登一些造型点时，穿着旧的攀岩鞋要比穿着新的、硬的鞋更容易成功。

岩壁本身也是借助摩擦力攀石时一个不能被忽视的元素，可以通过放低脚后跟的方式攀登。

钩挂支点

钩挂是一种经典的攀石脚法，人们可以用不同的方式来钩挂住岩壁。最常见的是挂脚，也可以用钩脚，或者钩挂脚。脚后跟钩点这样的动作多用于仰角岩壁，如屋檐型岩壁，其目的是减少手施加的拉力或者避免身体摇晃。

一双合脚的攀岩鞋有利于攀石者钩挂支点。鞋必须要紧，并且在岩壁上能很好地贴合脚的形状。

④ 在依靠摩擦力的攀石中要放低脚后跟，比如在攀登造型点时，这是为了创造一个尽可能大的接触面

⑤ 岩壁经常被攀石者用于练习依靠摩擦力的攀石

挂脚

在进行挂脚时，仅仅把脚放在一个脚点或一个平台上是不够的，攀石者还要主动用脚后跟去“抓”住脚点。稍微向外旋转脚尖或者提高膝盖相对于脚的位置都可以被看作是主动用脚后跟抓脚点。主动抓脚点会提高挂脚时的稳定性。同时，通过主动抓脚点，髋部也会打开，这样就使髋部活动有了一定的空间。

④

⑤

钩脚

通过脚趾或者脚背钩住支点，攀石者可以更好地稳定在支点上，并且使身体靠近岩壁。使脚尖的位置接近胫骨，攀石者就可以主动进行钩脚。如果只有一只脚接触到岩壁，那么多数情况下攀石者的腿是伸直且紧绷的。如果两只脚都接触到岩壁，那么其中一条腿会向脚部施加压力，这样可以提高钩脚的稳定性。

钩挂脚

有时候，在用脚后跟“抓点”的同时，攀石者也可以用脚背或者脚趾顶住支点，这样挂脚会更稳定。钩挂脚可以非常有效地解放双手。然而，如果姿势过于舒展，攀石者就很难把钩着的脚松开。

膝部

膝部卡点原本是一个禁忌，但遇到在平坦的岩壁上倒攀这种特殊情况时，它恰恰比踩上高脚点更实用。膝部的另一个

① 稍微向外旋转脚尖和抬高膝盖都可以被视为主动挂脚来“抓”住脚点

② 在钩脚时，要主动绷紧脚尖。一条腿通常施加压力，以此保持平衡

③ 可以把脚后跟和脚趾卡在岩壁上来固定身体

重要作用是，在继续抓握时使人保持固定。将膝部贴放在岩壁上或放置在支点上，可以固定身体，并且使一些线路更易攀爬。

有时，在较大的造型点上可以进行膝部卡点。在这种情况下，膝部与脚要保持紧绷。

良好踩点的特征

良好的脚法技术是成功攀石的关键之一。原则上，当不太可能稳定地攀附在岩壁上时，人们可以踩在手点、脚点和岩壁上的任何位置。这种多样性虽然使攀石变得更容易，但也增大了线路选择的难度，因为人们必须在不同的可能性之间选择最合适的一种。

精准且轻松的踩点

首先攀石者必须精准且正确地踩点。如上所述，这要根据各个脚点的类型采取不同方式实现。

④ 用一条腿的膝部挤压岩壁可以固定身体
⑤ 在进行上攀和稳定时，可以将膝部贴放在岩角支点
⑥ 膝部卡点

上图这种方式是错误的！如果用脚心踩点，就无法改变脚的方向。而改变脚的方向在进行侧身攀岩时是不可或缺的。一般情况下，攀岩者应该用脚尖踩住脚点

要想精准地踩在脚点上，攀石者应该缓慢且安静地移动双脚。为了达到这一目的，攀石者应该移动髋部，使其尽量靠近握持手垂线，以此来减轻移动腿的负担。除此之外，还可以利用手点来减轻腿部负担。

使用双脚

尽可能使用双脚进行攀石是极其有利的。一只脚负责上攀，另一只脚用来辅助髋部横移和上攀。只有当两只脚都踩在支点上时，移动才会更稳定。

主动移动与抓点

攀石者不应该被动地把脚放在脚点上。在攀石过程中，双脚应更多地起到“第二双手”的作用，也就是说，攀石者应该用脚来完成“抓”点，这一过程可以通过脚后跟挂脚来实现。移动过程中，攀石者挪动膝盖至脚前方，挪动的过程就是“抓”点的过程。通过挪动，可以使身体更靠近岩壁，而靠近岩壁又是合理地给支点施压的前提（参见第36页施压方向、第39页负重角度）。

首次踩点（施压与信任）

与手抓点一样，脚踩点也应该一次成型，并迅速完成施压。重要的是要信任自己的攀石技术以及脚上的攀岩鞋，以完成放脚、施压及移动等动作。在施压时如果有所犹豫或进行了多次“触碰式”踩点，就很难保证一次踩点成功。

放置双脚：通常前方那条腿只是顶着岩壁，起到支撑作用

放松地踩点

① 双脚都踩在脚点上
② 臀部向左移，向握持手垂直方向靠近，使一条腿得到放松
③ 放松地踩点

1

2

练习：踩

可以在正角光滑岩壁上进行攀石练习来提高精准踩点的技术。

不用手

如图①，在正角光滑岩壁上攀石时尽量只在需要保持平衡时使用双手。小建议：用膝盖顶着岩壁会对你有所帮助。

只用大拇指

如图②，在倾斜角度稍小的岩壁上攀石时，尝试只使用两手的拇指，使更多的支撑来自双脚。

轻踩

在支点较多的岩壁上攀石。所有有颜色的支点都可作为手点或脚点使用，攀石者在岩壁上移动约20次，在此过程中，轻轻放置双脚，尽量不发出声响。

③ 和 ④ 主动移动抓点过程中膝盖要超过脚尖

第三只手

如图①～图③所示，攀爬与地面垂直或稍微突出的岩壁时将一只脚侧向放置，抓握手背在身后，并将支撑手臂伸直。这种姿势下攀石者无须抓握手的支撑便能将身体挺直，并在挺直身体的同时使抓握手触到目标支点。

髋关节的使用

在攀石期间，四肢通过抓点和踩点被固定，而髋关节仍有很大的活动自由度。与髋关节移动相关的四方面内容对于节省体力和完成高质量攀石至关重要。

- 伸直手臂巧妙地确定髋关节位置，有利于攀石者更牢固地抓点。
- 适宜的髋关节移动可以将重量从手转移到脚。
- 动态、灵活地使用髋关节能够扩大手臂触及范围，降低抓点的负荷。
- 通过侧转髋关节来扩大手臂活动和触及范围。

伸直手臂

在准备站直时，要尽可能地伸直手臂，这样可以使髋关节向下沉。髋关节的下沉改善了抓点的负重角度，特别是在抓握倾斜程度较大的支点时（参见第39页，坡面支点）。对于放脚来说，伸直手臂也有一个好处：髋关节稍微远离岩壁，可使攀石者更好地观察踩点位置，以便更精准地放置双脚。当然，如果以一条腿直立，手臂可以适当弯曲。

“伸直手臂”并不意味着手臂必须完全伸展。因为在许多情况下，稍微弯曲手臂反而是有益的（参见第58页，身体绷紧与发力）。

分离式踩点（手脚分离式放脚）也属于伸直手臂的一种，即攀石者在放脚时，伸直手臂，上半身保持静止，只有腿部在移动。

在踩住脚点后，攀石者应立即伸直手臂并准备再次放脚。

重量转移到脚

在攀石过程中，手指是肌肉链中最薄弱的环节。为了减轻手指压力，必须将重量尽可能地转移到脚上。与我们站立时类似，通过移动髋关节的位置，把身体重量从一条腿转移到另一条腿上。攀石过程中，可以通过将髋关节向侧边移动到一条腿上方或在仰角岩壁上将髋关节朝岩壁移动来调整重心位置，进而减轻手指压力。

在攀爬垂直的岩壁时，可以将髋关节向承重的那条腿的方向移动。

1
3

在攀爬仰角墙壁时，为了能够有效地利用腿部发力，髋关节须沿脚的方向向岩壁移动。

髋关节向侧边和岩壁的移动是通过脚部主动拉动实现的。

伸直手臂，进行分离式踩点（手脚分离式放脚）

①~③ 伸直手臂，上身保持静止，双脚位于准备直立的起始位置
④ 准备直立的起始位置

⑤ ~ ⑦ 在垂直的岩壁上，髋关节向侧边和岩壁移动

主动使用髋关节——动作触发

为了稳定重心，应尽可能灵巧、动态地移动髋关节。主动地使用髋关节不仅能够触发脚部发力的整个移动过程，而且在抓握新支点时能节省力量，扩大触及范围。越频繁地使用髋关节，移动过程就会越灵活、越富于动态，并且可以更流畅地过渡到动态移动和跳跃。

在攀石中，并不总能由髋关节触发移动。例如，在“钩脚倒悬”中，脚部通过钩脚方式固定，由躯干触发移动。

在下一章中将详细介绍这一点。

侧身

髋关节与岩壁的位置关系可以是正向的或侧向的（攀石者处于侧身状态）。侧身时，攀石者先用脚尖踩点，紧接着在手臂伸直时将髋关节向岩壁侧转并使其到达高于脚部的位置。此时，脚部由脚尖踩点转为脚外侧踩点，以这个姿势攀石者可以顺利地直立。

侧身特别适用于仰角岩壁和侧面抓点，除了可以更有效地利用手臂肌肉，侧身还可以扩大触及范围，并把身体重量放到双脚上，以便攀石者利用双腿的力量攀石。

在髋关节转动方向上的脚，应当位于抓握手垂线上。另一只脚稳稳地靠在岩壁上。如果垂线上没有脚点，则需要借助垂线两侧的脚点来放脚。

在侧身时，手脚分离是至关重要的。此时，髋关节靠近岩壁，承重腿的膝盖要在脚趾前。有时膝盖会明显朝下，在最极端的情况下，这种侧身的变化形式也被称为折膝或深压膝法。

①～③ 在仰角岩壁上，主动的髋部移动能触发运动。此时，髋关节应向岩壁侧向移动并到达高于脚部的位置

④～⑥ 侧身：1.脚尖踩点。2.手臂伸直时髋关节向岩壁靠近，脚部侧转。3.发力站起。注意：将身体侧面转向岩壁，并用这一侧手臂继续抓点

⑦～⑨ 用双脚支撑完成侧身

1
2
3
4
5
6
7
8
9

攀石教练的建议

在一些情况下，攀石者会利用脚外侧而非脚尖踩点。这样的放脚方式更加简单，但是它无法过渡到动态移动。

练习：活动髋关节并伸直手臂

对比直臂和屈臂

在仰角较小的墙壁上找一条较为简单的攀石线路，攀爬3次。第一次攀爬时，双臂大幅度弯曲；之后，尽可能伸展双臂攀爬；最后，寻找伸展和弯曲之间的最佳

状态进行攀爬。

双手动态移动

如图①～图③，攀爬一条不太困难的攀石线路时，攀石者要始终用双手同时抓握新支点，确保从双臂伸直的姿势开始移动并主动将髋关节靠近岩壁。为增加难度，也可以靠单臂进行这项练习。

侧身1

如图④，找到一条有易抓取的手点或可以侧身抓点的简单线路。攀爬时，伸直手臂，脚外侧尽可能地踩在握持手垂线上，然后利用脚部发力站起。另一只脚抵在岩壁上以保持身体稳定。

侧身2

和之前一样，但是现在第二只脚要靠在岩壁上，以此保持身体稳定，承重腿的膝盖位于脚趾前面，然后主动利用髋关节发力站起（如图⑤～图⑦）。

身体绷紧与发力

抓握、蹬踩和腰部动作决定了每一次移动的情况，因而正确控制身体的紧绷与发力对整个攀石过程至关重要。很难讲攀石者的身体要紧绷或发力到何种程度才最理想，因此这是两个复杂的动作状态。

一般而言，身体过于紧绷会消耗体力，而过于放松则会导致攀石失败。因此，要在整个攀石过程中将身体的紧绷程度控制在最佳状态。

如果身体的发力可以延续到下一个动作，那么攀石者的移动就会很流畅，攀石过程也会更简单。但在一些移动中情况恰恰相反：攀石者必须控制身体的发力，使运动及时停止。

不论是身体的绷紧还是发力，都需要攀石者根据具体情况把握好度。这需要攀石者具备出色的运动感觉和丰富的攀石经验——熟能生巧。

控制身体的紧绷程度

攀石中，身体绷紧不仅意味着绷紧躯干、积蓄力量，更包含着脚在两个脚点之间的支撑、踩点、调整重心、相互挤压或从支点处推离。

并非所有攀石线路都得采取伸直手臂的方式攀爬。比如在大仰角线路上，攀石者往往无法伸直手臂进行放松，这只有在特殊条件下才能实现。在这种线路上，攀石者的腰部必须靠近岩壁。当支点过小而不利于抓握时，攀石者更不应将手臂完全伸直。此时攀石者应轻微弯曲肘关节，从而更好地抓握支点。在直壁上，攀石者的腰部需要具备出色的柔韧性，从而保障自己在伸直手臂抓握支点时可以稳定住身体。

攀石中，攀石者有时必须充分绷紧身体。这可以通过以下方式实现：

- 脚顶住岩壁。
- 避免身体过度伸展。
- 攀登中省略一些脚点。
- 调整呼吸。
- 身体持续发力。

脚顶住岩壁

攀石过程中，不踩脚点的脚应接触岩壁，并通过积极的移动使之受力。每一次脚部晃动都意味着力量的损失。

避免身体过度伸展

若攀石者向上抓握距离过远的手点，而脚部还没有踩到更高的脚点，则此时攀石者的身体会过度伸展。除非别无选择，否则攀石者应尽可能避免这种情况。过度伸展身体时，首先攀石者的踩点会不够稳定，其次攀石者的肩关节和肘关节处会出现不利于攀爬的角度。这两方面又极容易造成力量损失，最终导致攀石者的脚部从岩壁上滑落。

这条原则尤其适用于所有的挤压型移动，也就是攀石者双臂分别侧向挤压两个坡面支点进行移动。此时攀石者需要始终微弯其肩、肘和手部关节，从而实现有力的挤压合力以稳定身体重心。

① 和 ② 身体过度伸展可通过及时向上攀爬来避免
③ 对侧挤压型移动。双臂侧向伸开，朝内挤压

④ ~ ⑥ 侧身攀爬时可省略一些脚点。在抓握新支点之后，不承重的腿不踩过渡脚点，而是交叉双腿，直接踩上下一步移动所需的脚点

攀登中省略一些脚点

攀登中省略一些脚点，意味着尽量减少换脚和踩过渡脚点的情况。换脚时，攀石者经常要在一个位置长时间停留，踩过渡脚点则需要幅度较大的躯干移动，这两者都会导致身体紧绷程度下降或力量损失。理想情况下，攀石者在进行一次移动之后，不承重的脚应当立即移动到下一个脚点上。侧身时，攀石者可以通过腿部交叉踩点实现上述过程。

调整呼吸

正确地呼吸有助于调控身体的紧绷程度。重呼吸是一种有意控制呼气的呼吸方式，有利于稳定肩部，并促使身体紧绷，不过在促进身体健康的运动中应当避免使用该动作。而在攀石运动的某些特殊情况下不可避免要使用该动作，如在难度较大的移动中攀石者可以使用重呼吸方式，在较简单的攀爬移动中则正常呼吸，使肌肉获得充足的氧气供应。

身体持续发力

当攀石者顺畅地、毫不犹豫地攀爬，并且可以使身体发力延续到下一次移动时，其攀爬过程会显得行云流水。不让移动随着抓握到支点而停止，而是立刻衔接到下一步移动，这样才可以实现顺畅的攀石。但前提是攀石时腰部必须朝着正确的方向发力。

①～③ 交叉手移动时的身体持续发力：抓握到目标支点后，马上将腰部从岩壁移开些许，旋转身体从而使新的手点承力，并衔接下一步移动

控制身体发力

攀石者很难做到始终有一只脚接触岩壁。尤其是当移动幅度较大时，很可能出现双脚离开岩壁的情况；横向移动也有不受控制地脱落的危险。关键是要控制身体的发力。

蜷缩身体

动作幅度过大时，攀石者很难避免脚部晃动。当务之急是通过身体紧绷，特别是使肩关节微微弯曲，腿部蜷缩，控制身体的发力。脚部出现晃动时，攀石者应尽快踩上下一个支点。而攀爬大仰角岩壁时，攀石者可以有意地甩脚，从而踩到新的脚点上。

拖脚

攀石者横向攀爬或斜向上攀爬时，经常会出现惯性所导致的攀石者不受控制地转身的问题。为了避免并控制这种转身，攀石者可以将攀岩鞋鞋尖抵着岩壁，绷紧身体，使脚从岩壁上拖过。可以根据岩壁上的黑色拖痕辨认出这一动作。

① 和 ② 通过弯曲肩关节、蜷缩双腿以及在脚部晃动时迅速踩点的方式来实现对身体发力的控制

③ 通过拖脚来避免或控制身体的旋转和晃动

特殊的攀石技术

攀石运动有许多特殊的攀石技术。传统的攀石技术包括依靠手臂用力拉动身体向上或动态移动，新式的攀石技术包括跑跳和连续动态移动。关于这些技术，本书会提供专门的策略和建议。

传统和新式的攀石技术

在人工岩壁与自然岩壁上攀石有很多不同点。如，在自然岩壁上攀石的典型技术动作有动态移动、依靠手臂用力拉动身体向上、正角光滑岩壁以及大倾角岩壁攀爬技术。而根据特殊的支点形状和大造型点，攀岩馆里攀石者也创造了一些攀爬自然岩壁时极少使用或全新的新技术动作。这使攀石运动更接近其他运动项目（如：体操或跑酷）。典型的“跑酷攀石”用的就是奔跑攀石或者“跑跳”攀石的技术。一条精心设置的攀石线路应能让攀石者将大量的传统技术和新式技术结合使用。所有的技术都可以出现在不同难度的线路中。

本章将介绍这些传统和新式的攀石技术，并针对如何完成这些技术提供相应的建议。

动态移动

原则上，抓握新支点与移动整个身体应在时间上有所重合。晃动幅度特别大的移动过程被称为动态移动。具体而言，动态移动是指从简单的动态抓握下一个支点到完全脱离岩壁的复杂的大幅度动态跳跃。

动态移动是攀石运动的起源之一。很长一段时间内，三点平衡技术被认为是标准动作，也就是说攀石者应始终从岩壁上有三个支持点的位置开始抓握新支点。迅速抓握支点或者跳跃时脚部脱离岩壁在过去是难以想象的。然而，以今天的视角来看，这些早已司空见惯。在攀石运动中，三点平衡技术已经过时。复杂的动态移动和跳跃是一个高级攀石者的标配。

距离、精准度和协调性决定了动态移动的难度。远距离的动态移动首先需要力量，其目的在于产生必要的跳跃。精准的动态移动大多距离较近，但目标支点过小或很难抓握。这种动态移动对协调性和规划跳跃能力有较高要求。协调的动态移动并不因到达目标支点而结束，它还要求攀石者做出后续动作，比如为了停止摆动，要迅速踩点。

远距离动态移动——跳跃

较远距离的动态移动被称为跳跃，其特征是脚部在动态移动过程中脱离岩壁。远距离的跳跃时支点处会产生很大的力量，因此攀石者在跳跃时最好选择较大的起始支点和结束支点。

跳跃

首先，要朝跳跃方向做蓄力准备，

例如向上跳跃前先下蹲。准备动作结束时，身体的理想状态是手臂伸直，腿部呈90°弯曲。随后调动髋关节从这个位置朝目标支点加速，这个动作类似于立定跳远。手臂将身体拉向岩壁并为腿部向上运动提供动力。特别是在仰角处，手臂在将身体向岩壁方向牵拉的过程中尤为重要，缺少手臂拉力，攀石者将从岩壁坠落。身体在跳跃过程中应紧贴岩壁，脚部应在适当时刻脱离岩壁，攀石者应在曲线运动轨迹的顶点，即所谓的运动曲线的最高点或“止点”抓握目标支点。此后，攀石者开始蜷缩身体，以此停止身体的摆动。此时，攀石者可通过收紧腿部、弯曲肩部和肘关节来减少身体摆动，当攀石者首次向岩壁回摆时，脚应立即踩上新的脚点。

多种方式——产生动力

标准的动态移动通过下蹲跳跃完成。然而，攀石者并不总能通过下蹲产生动力。其他获取动力的方式有：从躯干获取动力或摆动手臂、腿。此时，腿部离开岩壁并做出类似跳高运动中获取动力的动作。

① 和 ② 摆动手臂和腿

攀石教练的建议

跳跃时：

- 在仰角处向岩壁跳跃。
- 有计划地做蓄力准备，毫不迟疑地加速。
- 抓点的手要尽可能久地用力。
- 抓点时不要使肩部放松。
- 迅速踩点。

如图①~图③所示，在向一侧动态移动时，攀石者可通过腰胯摆动产生动力。为此，攀石者可伸直手臂，并将腰胯摆动2~3次，以产生足够的动力。

其他方式——双手动态移动

双手动态移动获得动力的方式与动态移动基本一致，唯一不同的是双手动态移动需用两只手同时抓握新支点。这种方式对协调性要求很高，但是在多数情况下身体可以很容易地停止摆动。

下蹲式跳跃

④~⑦下蹲做蓄力准备；向岩壁加速；向上加速；在曲线运动最高点处抓点并停止摆动，脚部在首次向内摆动时开始踩点

①~③ 腰胯摆动

4

5

6

7

攀石教练的建议

动态移动对手臂和腿部的力量要求极高。定期的引体向上训练和支撑训练有助于增加手臂力量（参见第102~105页），落实腿部力量的训练计划有助于提高腿部力量（参见第120页）。

提示与训练

进行动态移动训练时，攀石者应先试跳，判断自己能否摸到目标支点，而不是抓握目标支点。通过试跳，攀石者能准确把握跳跃方向和跳跃距离。此外，还能建立成功跳跃的信心。动态移动必须一鼓作气，毫不犹豫。

当跳跃失败时，如出现突然滑落或腿等身体部位不受控制地撞到岩壁等情况，攀石者容易受伤。

精准动态移动——高精度移动

精准动态移动是指较短距离的动态移动，在此过程中，攀石者至少得有一只手和一只脚在岩壁上。其移动范围远低于跳跃的移动范围，并且在移动的整个过程中其跳跃动作较少，但攀石者能够精确地移动。此外，起始支点和目标支点明显较小，这导致精准动态移动的运动范围会被限制。

双手动态移动

跳跃时，首先双腿轻微弯曲。此时，手臂不能完全伸展，攀石者可以通过活动髋关节，以及伸展腿部和手臂来加速。通常，达到支点的高度很容易，但精确地抓握目标支点十分困难。因为想要抓握目标支点，必须要朝正确的方向用力。从抓握到动态移动至动作曲线的最高点的过程中，攀石者必须果断抓住合适的时机。通常，寻找最佳抓握时机不是问题，因为此时攀石者的身体与目标支点最近，但向侧边支点移动时，攀石者很难在正确的方向上用力抓握支点，因为在动态移动至动作曲线的最高点时，攀石者必须根据目标支点的用力方向转动身体。

比如，指洞或者有阻挡点的目标支点是难以保持身体稳定的支点。

从上向下移动可使攀石者轻松地抓握下方的新支点，即便手所在的位置很高，手也会在重力作用下滑到下方支点上。可以用阻挡点来提升抓握难度。此时，攀石者必须精确地抓住支点的有效支撑面，而不能让手从上方“滑动”到下方支点上。

提示与训练

整个移动过程中，攀石者应瞄准目标支点。由于支点较小，手指的力量在精准动态移动中非常重要。此时，手臂力量也非常重要，但不起决定性作用。攀石者可以通过训练手指力量来提高精准动态移动的精准度（参见第98页，手指力量）。

上方阻挡点：对手眼协调性的挑战

协调连续动态移动

所有动态移动都要求身体各部位的协调一致。但是，连续动态移动对协调性的要求最高。协调连续动态移动时，攀石者不仅要进行动态移动，还要接连做出第二个甚至第三个动态移动。

连接动态

连接动态不仅动作幅度很大，而且对协调性的要求很高。因此，这种类型的动态移动只出现在难度较大的线路上，并且攀石者在此过程中一般会将一个或两个很难抓住的支点作为中间过渡点。

①～④ 精准动态移动：精准的发力，身体靠近岩壁并保证至少有2个抓握点。身体移动到动作曲线的最高点时是抓握的最佳时机

攀石者们只会将这些手点作为中间过渡点来使用，以便将身体引导至正确的方向上，摆动身体是为了进行下一次动态移动。

这里的摆动动作类似于跳跃。使用连接动态这一攀石技术时可能会出现更复杂的状况，攀石者在后续选择摆动的方向时必须考虑到这一点。在抓握中间过渡点时攀石者可以略微倾斜肩膀和肘关节，这样做便于用手臂来控制接下来的动态移动。当身体在摆动时，攀石者应当选择好进行下一次动态移动的时机。最重要的是，攀石者必须尽快进行第二次动态移动。

提示与训练

由于攀石者在使用连接动态这一攀石技术时倾向于使用较大的手点，所以手臂力量非常重要。可以采用攀石时摆荡这一具有挑战性的训练方法，即在屋檐型岩壁或无脚点的仰角岩壁上进行攀石运动。

手脚协调动态移动

与连续动态移动相比，手脚协调动态移动对协调性要求更高。在手脚协调动态移动的情况下，攀石者做跳跃动作时必须同时移动自己的手和脚，手脚协调动态移动的困难不在于克服距离障碍，而在于

①～③ 为连接动态详解。攀石者先跳到中间支点上，随后利用摆动动作跳跃到下一个支点上

同时抓握和踩点。因为人们往往只能看见手点，或者只能看见脚点，所以大多数情况下攀石者只能凭感觉踩点。手脚协调动态移动的结束位置通常为体积较大的脚点，例如造型点。这时，攀石者在抓握手点时有更多方式可以选择。

提示与训练

攀石者只有通过不断地练习才能提高熟练度，每种连续动态移动都有不同点，攀石者可以从中获取经验。一旦掌握了协调方法，连续动态移动就没那么困难了。

后方钩点

后方钩点也属于动态移动，具体表现为攀石者在“跳跃”时将一只脚钩往后方脚点。在向上跳跃的过程中，跳跃高度不断增加。在跳跃至一侧时，后方钩点（如图③~图⑦）可以起到防止身体摆荡的作用。后方钩点的难点在于攀石者看不到脚点，同时很难让身体转向正确的方向。

提示与训练

建议攀石者多加练习，在各类动态移动中，都要尽可能地熟悉运动过程。

①和②手脚协调动态移动指的是双手动态抓点，同时进行钩脚的一个动态过程

③ ~ ⑦ 向一侧跳跃时进行后方钩点

跑跳

人们已经将跑跳从跑酷运动带入攀石运动。

跑跳动作难度各异，人们将跑跳动作定义为在岩壁的造型点上跑动，图示为相对容易的动作。最简单的跑跳动作是将脚放置在岩壁上一个位置较高的脚点上，另一只脚站在地面上，蹬脚移动重心并且抓握目标支点。难度较大的跑跳动作是在岩壁上连续跑跳，此时的关键在于从正确的角度开始并选择最佳的攀登顺序。

变型——岩壁跑动

图①~图③反映的是攀石者在岩壁的大型支点上跑动的过程。由于岩壁仰角过大或攀石者在过渡脚点上无法稳定站立并用双手辅助支撑，所以攀石者必须一口气跑到目标支点处才能稳定身体。

提示与训练

如图④~图⑦，在跑跳攀石时，攀石者首先应当观察踩点位置；在跳跃之后，再看目标支点。攀石者必须不断尝试，并时刻记住：心不在焉会导致攀石失败。

训练也是如此，只有不断练习才能提高熟练度。在岩壁的造型点上跑动时很

① ~ ③ 岩壁跑动

④ ~ ⑦ 跑跳攀石：开始，初次跳跃，第二次跳跃，稳定身体

4

5

6

7

容易打滑，因此攀石者应当穿一双尺码偏大的攀岩鞋。

依靠手臂力量撑起身体

如何依靠手臂力量撑起身体以及如何向上翻越，这些都是攀石中经典的移动方式问题。在较大的岩壁结构处，如在大造型点处或在完攀后需要攀上的顶端平面处，攀石者应该依靠手臂力量撑起身体。在挺起身体、支撑身体向上时，攀石者要具备足够的手臂力量、腿部力量以及良好的平衡感。

攀石者通常是从手臂发力开始做上翻动作。在垂直的岩壁上，攀石者双脚的踩点位置要高，以便提供最佳支撑。在仰角岩壁或屋檐型岩壁边缘处，攀石者的一只脚要挂在边缘上。此时，攀石者要尽可能在脚的支撑下，发力做引体向上的动作。在引体向上的过程中，攀石者将自己拉向岩壁，并尝试让身体越过手的位置。类似于试图将胃贴在岩壁上的动作，此时的关键点是手要及时转换位置。双手转动，让手指指向侧面或岩壁外侧，这样攀石者就可以贴近面前的岩壁。如果指尖指向墙壁，在向上过程中，攀石者会向后倾斜，将自己推离岩壁。此外，攀石者应尽量向上撑起自己，然后尽快将一只脚放置在靠近手的位置上，以便支撑身体向上。同时，攀石者必须用脚找到合适的受力点，受力点就是踩踏的位置，一旦找到了受力点，攀石者就能发挥出最大的力量向上攀爬。

攀石教练的建议

为了训练依靠手臂力量支撑起身体，也就是Mantle这一技术，建议攀石者通过引体向上和支撑力练习来加强手臂力量，并进行腿部力量训练（参见第102页手臂拉力、第106页支撑力）。

提示与训练

主要有三个错误会导致攀石者手臂支撑失败。第一个常见错误是，做手臂支撑时，攀石者在上拉到支撑的过程中犹豫不决或施加的力量太小；第二个常见错误是，手部转换动作做得太迟或做得有误，做手部动作时，这两点都应该注意，否则攀石者难以成功做到手臂支撑；第三个常见错误是，缺乏脚部的支持，处于上方的脚应靠近身体放置，这样身体在向上拉直前，好蹲在处于上方的那条腿上。为此，攀石者需要将处于上方的腿膝盖弯向一侧，使得体重几乎完全落在该腿上，臀部处于靠近脚后跟的位置。处于下方的脚则

依靠手臂力量支撑身体向上

① 使自己挂在岩壁上，脚放置在高处
② 和 ③ 朝墙壁上拉（依靠手臂力量）。手部移动，让手指朝向一侧
④ 和 ⑤ 按压岩壁
⑥ 将脚放置在支撑的位置上，寻找受力点，将膝盖弯向一侧（蹲下），然后直起身体

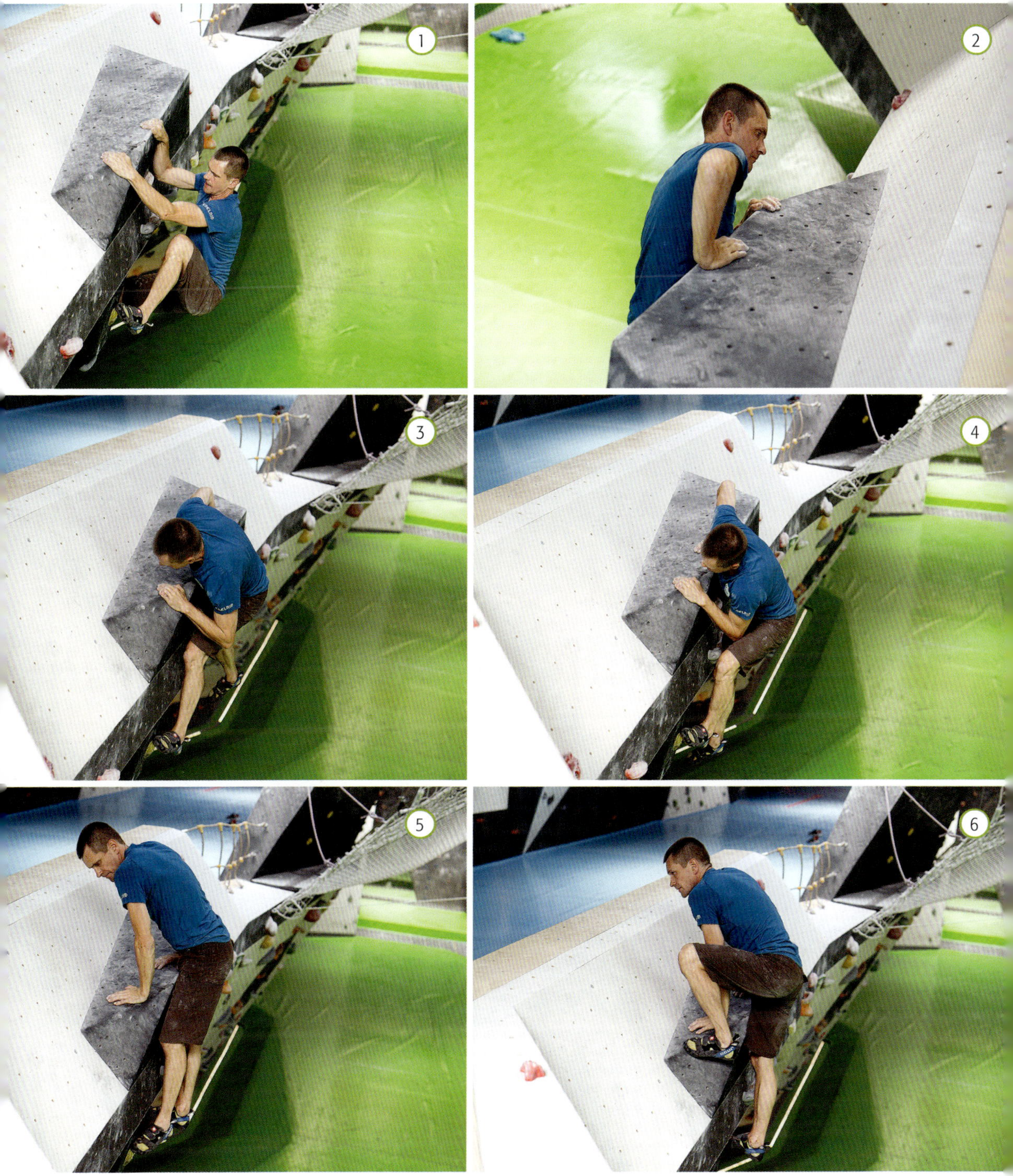
1
2
3
4
5
6

应一直踩在岩壁上，然后攀石者尝试借蹬踩岩壁的力向上攀。这种不那么优雅的“墙上蟑螂”的姿势非常有用。

正角光滑岩壁

正角光滑岩壁是一种略微倾斜的岩壁，对于攀石者而言具有一定的挑战性。一些攀石者很喜欢这种岩壁，而另一些攀石者很讨厌这种岩壁。攀岩馆的正角光滑岩壁上通常装有打钉手点和脚点。攀爬这些小支点需要攀石者有良好的脚法和平衡感。

在攀爬正角光滑岩壁时，重要的是攀石者要精准踩点，同时能够果断地将重心转移到所踩支点上。踩点后，攀石者的腰部乃至身体重量就会立即转移到新的脚点上。一旦攀石者找到了受力点，即可以让自己施力的位置，就应当直起身来。为避免身体过度伸展，此时攀石者应该把脚放在更高的支点上。

提示与训练

除了强大的腿部力量，好的攀岩鞋也有利于攀爬正角光滑岩壁。大多数攀石者更喜欢偏硬的攀岩鞋，这类鞋子的鞋边橡胶硬度良好。小腿力量大的攀石者则更喜欢柔软的攀岩鞋，因为在踩点时，这种鞋能够使他们保持更好的脚感。

攀爬正角光滑岩壁对精确度要求较高

攀爬正角光滑岩壁时，应避免以下情况：

- 不必要的节奏变化。
- 过高的脚点。
- 身体过度伸展。

以下建议对攀爬正角光滑岩壁有益：

- 选择合适的攀岩鞋。
- 果断踩点。
- 通过移动腰部来转移身体重心。
- 找到受力点。

仰角岩壁和屋檐型岩壁

在仰角岩壁和屋檐型岩壁上攀爬时，攀石者可以做出一些惊人的动作，这是攀石运动的魅力所在。比起其他岩壁，攀爬陡峭的屋檐型岩壁需要更多的力量。除此之外，攀爬屋檐型岩壁还要求攀石者掌握相当多的技术。其中最重要的是，攀石者要通过正确的脚法，引导身体靠近岩壁。

屋檐型岩壁

在攀爬屋檐型岩壁的过程中，脚不仅要放置在承重最佳的脚点上，而且要施加必要的压力。攀石者必须脚踩岩壁攀爬，并在此过程中尽最大可能让脚始终与岩壁保持接触。要想通过屋檐型岩壁，攀

身体过度伸展。手臂和腿过度拉伸，此时攀石者只能依靠脚尖踩在岩壁上

1
3
5
7

石者需要多次换脚，也可以通过脚后跟或脚尖的钩点，保持和岩壁的接触。

攀石者可以有意地同时抬起双脚，在身体摆动中迅速完成重新踩点。

脚部用力、绷紧身体可以使髋部贴近岩壁。但有一点常常被忽略，那就是绷紧身体意味着不仅要绷紧躯干，也要绷紧肩膀部位，应避免髋部松弛或肩膀呈被动悬挂状态（参见第98页，预防伤害）。

在屋檐型岩壁上，过度地拉伸身体不仅会耗费力气，而且会使身体很容易不受控制地向外摆荡。因此，攀石者应快速攀爬通过此区域。

到达屋檐型岩壁边缘时，攀石者通常会将一只脚的脚后跟抵在岩壁上。为了攀过屋檐型岩壁边缘，请不要忘记边缘处的脚点。尽管有时你可能看不见这些脚点，但是这些脚点对接下来的攀石是有帮助的。

屋檐型岩壁攀石

①爬上屋檐型岩壁

②爬过一段路程。过度拉伸身体时必须保持身体紧绷

③为了找到最佳抓点，脱开双脚

④为了避免向外晃动，用脚趾钩住岩壁

⑤~⑥充分利用身体摆动，快速重新踩点

⑦为了攀爬更远的距离，用脚后跟挂住岩壁

⑧爬下屋檐型岩壁

“4”字形悬挂

之所以叫作“4”字形，是因为从攀石者背后看，其手臂、双腿与髋部形成的姿态类似阿拉伯数字“4”。在陡峭的岩壁和屋檐型岩壁上攀石时，为了实现远距离地抓点，攀石者可以使用这个技巧。然而，实施时要有合适的手点。

⑨使用“4”字形悬挂技巧时，将一条腿（左腿）放在另一侧手臂（右手）的手肘上，并将脚尖（左脚）插在另一侧腿（右腿）的腘窝处。放在手肘上的那条腿（左腿）是弯曲的，另一条腿（右腿）在岩壁上支撑身体。用这样的姿势将自己向上拉

直升机式

直升机式

直升机式是攀爬屋檐型岩壁的一种特殊姿势。以这种姿势抓握支点时，攀石者的身体处于扭转状态，并且在整个攀石过程中攀石者会一次或多次完全地扭转自己的身体。部分情况下，攀石者是两手交替向前移动的，其中的困难主要是判断移动方向以及确定正确的扭转顺序（参见第82页图片）。

提示与训练

在攀爬屋檐型岩壁时，以下内容将有所帮助：

- 快速攀石以节省力气。
- 避免身体过度伸展。
- 脚与岩壁始终保持接触。
- 挂脚或钩脚。
- 在屋檐型岩壁边缘处不要忘记看不到的脚点。
- 在伸手抓向下一点之前，将身体重心尽量靠近抓握手的正下方，以减少身体的弯曲程度。

在攀爬屋檐型岩壁时，手臂和躯干的力量是必不可少的，攀石者应进行相应的训练。

平衡问题

在垂直或略微倾斜的岩壁上攀爬时，攀石者常常面临造型点上的身体平衡问题。此时，不同的攀石者有不同的平衡方法。

摩擦力很大的岩壁

大部分情况下，摩擦力很大的岩壁上没有手点或只有几个不利于攀爬的手点。为了借助摩擦力踩住岩壁，攀石者要保持脚后跟下沉，使攀岩鞋与造型点表面尽可能多地接触。柔软且足部弓起幅度不大的鞋子更有优势。动作幅度越大，完成此类攀石就越困难，因此，攀石者应尽可能一小步接一小步地向上攀石。

在岩壁上不依靠双手站立

如下图，在垂直岩壁上，攀石者有时会在无手点情况下，弯曲单腿膝盖，站在一个大的脚点上。脚点越小，就越容易出现平衡上的问题，攀石者需要找到正确的施压点，将膝盖向前推并用力挤压腿部。向两侧伸出双手可帮助攀石者保持身体平衡。

①～③ 在不依靠手部进行移动时，攀石者可用脚趾钩住支点以重新恢复平衡

不依靠手部的移动

这是一种突然改变姿势的攀石技术，是指攀石者为抓握一个更大的造型点、手点或者岩壁，而由一个稳定的姿势转变为新的姿势。整个过程中无需借助手点发力，只要缓慢地挪动髋部，或者在手臂支撑下施加更有力的反推力就可以实现。

在不依靠手部进行移动时，攀石者应使身体保持紧绷的状态，否则他会处于过度伸展的姿势中。遇到倾斜度很大的脚点和岩壁时，攀石者不仅要重新寻找更好的受力点，还要寻找岩壁上可以让人安全站立且均匀施力的位置角度。

在不依靠手部进行移动时，切忌让身体一直处于摆动状态，此时攀石者须注意：不要犹豫，应果断完成动作。

当遇到特别大的间距时，要将不依靠手部的移动与跳跃或者连续动态移动配合使用，攀石者应在动作的第二步跳向目标支点。

岩角

岩角是一种让人印象深刻的岩壁类型。它的支点越少，外观越陡峭，便越不可攀。仰角的岩角根据陡峭程度可分为不可攀或几乎不可攀，垂直的岩角上可用的

反作用力技术

①～④身体靠近岩壁；在岩角处，抓握与踩踏的支点不要距离太远；将脚置于岩壁一侧或者使用挂脚环绕岩角，有助于攀石者更好地保持平衡；运用岩壁上的手点和脚点

手点和脚点很少。除了岩角本身，其他的任何附加支点都会让岩角攀石变得容易一些。

在岩角处攀石可采用侧拉技术。此技术意味着攀石者伸展双手与双脚，同时手脚间彼此施加力量，一旦攀石者能够抓到岩角的另一面，此技术便运用成功；若此技术运用失败，则攀石者很难保持身体平衡。

实施此技术的关键在于朝正确的方向对岩角施加力量。为此，攀石者应与岩角保持距离并向岩壁倚靠，若没有合适的脚点，则应借助摩擦力将脚移向岩角。

双手和双脚之间的距离不宜过大，否则攀石者会有脱落的危险。双手和双脚间的距离取决于岩角的陡峭程度以及岩壁的粗糙情况。

岩壁上的手点或脚点可以降低岩角攀石的难度，因为它们可以代替那些需要反作用力的支点帮助攀石者保持平衡，若岩角上有手点或脚点，攀石者应尝试利用它们。

以下四点建议对岩角攀石有所帮助：

- 朝负重方向对岩角施加力量。
- 避免出现四肢过度伸展的情况。
- 利用岩壁上现有的手点和脚点。
- 将脚后跟绕过岩角钩住岩角的另一面。

背对岩壁

在攀石时，攀石者通常是以身体的正面面向岩壁。当岩角为内凹形状，或岩角的角度较大时，转过身体以后背面对岩壁会更便于攀石，此方式可使攀石者在内凹形岩角的外部进行攀石，或在越过大角度岩角时保持平衡。

提示与训练

解决有关平衡的问题通常不需要花费很大力气。攀石者必须反复练习这些内容。通常只有当攀石者找到了解决方法，平衡问题才会迎刃而解，为了找到解决方法，即使是顶级攀石者也需要在此类攀石问题上进行多次尝试。

① 在内凹形岩角处背朝岩壁进行攀石
② ~ ④ 挤压式攀石：手和脚夹住巨石，身体在岩壁上至少构成三点支撑，攀石者移动臀部从而移动身体重心，在整个攀石过程中身体保持紧绷

挤压式攀石

曾经搬运过冰箱的人应当明白什么是挤压式攀石。冰箱上缺少固定的抓点，搬运工只能以环抱的方式搬运它。而挤压式攀石（也被称作冰箱式攀石）与上述情况类似。如果巨石或巨柱上缺少现成的手点与脚点，攀石者就必须用手和脚环抱巨石或石柱进行攀石。

为了成功完成此类攀石线路，攀石者的身体在岩壁上必须构成三点支撑。例如，为了能够腾出一只手，另一只手和双脚必须向彼此的方向挤压。

攀石者常常能够借助双脚的脚后跟或脚趾夹住巨石，在处于环抱状态时，攀石者会感觉行动困难。即便如此，为了腾出一只手或脚，攀石者仍然需要将臀部向一侧移动，借助躯干运动的惯性来抓握新支点。请注意，四肢不要过度伸展！

手脚夹紧的动作需要来自胳膊与躯干的身体力量。此外，在整个攀石过程中需要攀石者保持身体紧绷。必要时，攀石者可采用重呼吸的方法促进身体紧绷。

提示与训练

进行挤压式攀石时，攀石者需要具备强大的躯干力量和臂力。在坡面支点上，具备强大的手指力量同样有利于攀石。此外，两脚所踩支点之间的距离适宜，能使臀部在移动时具有一定的灵活性。

策略

攀石不只是在岩壁上移动的运动。运用正确的策略可使攀石者为攀石做好准备。准备工作从分析线路开始，到预估攀爬不同支点间的最佳休息时间结束。正确的策略对于休闲项目的开展和攀石比赛的进行同样重要。

准备

攀石者可以直接进行攀石，但是应用一些策略技巧，攀石会更容易。所以攀石者应注重策略应用，并制订相应计划，这能让攀石过程更有计划性和目的性。

分析线路

正式攀石前，攀石者应先观察、分析所选的线路。为了达到最佳效果，攀石者需要不断实践，并从中汲取经验。攀石者需要从不同的位置观察线路，这有助于估计手点之间的距离。此外，攀石者还需要观察手点是正的还是倾斜的，在大型支点边缘是否有不易看到的手点或脚点。

在粗略的观察、分析之后，攀石者要进行更加详细的分析。攀石者可以通过观察镁粉的痕迹确定如何抓握手点。通常拇指痕迹清晰可见；脚点上的橡胶碎屑也反映出攀石者在何处踩点和钩脚；用镁粉做的标记，即所谓的目标标记，可以反映出隐藏的手点的位置及抓握手点的最佳位置。

为了更详细地分析手点，并为试攀做好准备，攀石者需要刷干净手点和脚

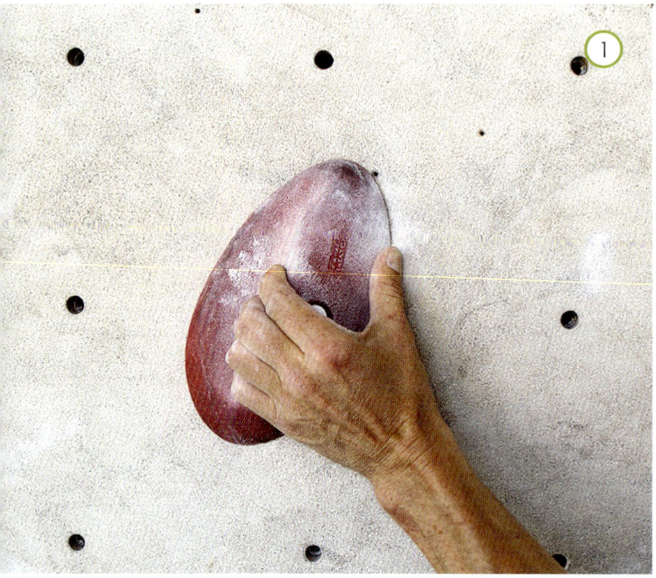

① 拇指指纹可以反映出攀石者是如何抓握手点的

② 手点的受力方向（如红色箭头所示）

点。此时，攀石者可以详细了解如何抓握手点，以及哪些手点和脚点可能是光滑的，必须精准用力抓握；对于大型支点或者造型点，攀石者可以通过刷支点了解最佳的抓点位置。之后，攀石者便可进一步考虑手点的受力方向及踩点的合适位置。

岩壁的倾斜度和手点之间的距离表明了动态移动技术存在的必要性和合理性。

借助收集的所有信息，可制订一个计划。该计划不仅包含手的抓握次序，还包含脚的踩点次序。对于不明确的移动，攀石者须提前准备好替代方案。考虑以下问题有助于制订良好的计划：

- 是否存在必须用左手或右手抓握的手点？
- 是否存在看不见的手点或脚点（在其他支点边缘、被挡住的支点）？
- 攀石过程中是否需要一直保持身体紧绷？
- 还有哪些地方不清楚，对此准备了哪些解决方案？

开始攀爬前，攀石者应在大脑中将计划完整地回想一两次。在回想移动顺序的过程中，攀石者可以在脑海中想象攀石的过程。有时，也可以在地上进行“枯燥”的模拟移动。

尝试准备

为了在攀石过程中保持注意力高度集中，攀石者要做好攀石的心理准备。可以在开始攀爬前进行一个“仪式”，这个“仪式”的具体步骤如下：

- 清洁支点。
- 回想移动顺序。
- 给双手抹上镁粉，穿好攀岩鞋。
- 深呼吸3~4次，慢慢紧绷身体，集中注意力。
- 开始攀石。

③ 在开始攀爬前回想计划

后续

在试攀或攀石成功后，攀石者可以进行后续复盘，如进行视频分析。

视频分析

最好与别人交流如何解决攀石问题，这样你就能了解别人遇到的攀石问题及相应的解决方案。此外，观看攀石视频也非常有用。如今，人们能便捷地使用手机、平板电脑以及相应的应用程序。推荐你使用免费应用程序“Coach's Eye”和“Hudl”。两者都能在安卓系统和苹果系统安装。

借助这些应用程序，攀石者可以录制攀石视频，然后通过慢放动作或实时观看分析攀石视频。视频可以展示攀石者如何移动臀部，是否精确放脚等。通过应用程序，攀石者还可以并排比较两个镜头。

攀石的心理问题

如何应对攀石的心理问题是后续复盘的重要内容，因为这些问题出现在各种类型的攀石过程中。而且在攀石时，这些问题会在头脑中反复出现。

- 在高度较高的攀石区或不利的脱落区域：
  我会受伤吗？
- 跳跃时：
  跳跃的距离远吗？
- 在正角光滑岩壁上移动时：
  我会滑倒吗？

攀石时，只有两种可能性：建立信心或被线路征服。如果力量和信心不足，攀石是不会成功的。攀石者必须认清现实、保持自信。如果出现这样的心理问题，可以尝试逐步解决。也就是说，可以尝试寻求帮助将问题简单化，以便在以后减少对这些帮助的需求。比如，攀石者可以先在不利的脱落区域小心试跳，以适应这种情况。这同样适用于大型动态跳跃线路，攀石者在不稳定的脚点上，可以借助同伴的帮助贴近岩壁，有条件的话还可以使用其他线路上的脚点。

高难度攀石或跑跳攀石

攀石包括高难度攀石和跑跳攀石，针对这两种攀石方式，攀石者可选择不同的攀爬策略。高难度攀石中，攀石者可以尽可能地攀爬有难度的线路，在此过程中，攀石者必须花费大量的时间充分休息，同时精确地分析和攀爬线路。

跑跳攀石中，攀石者可以尝试攀爬更多较容易的线路，甚至是比自己的极限成绩低1~2个难度等级的线路。不同的跑跳攀石线路对攀石者有不同的难度要求。为了节省力气，攀石者必须闪攀，即在第一次试攀时就成功，否则攀石者只能在每块巨石上进行多次尝试。

高难度攀石

高难度攀石的关键是搜集正确的线路信息与制订合理的移动方案。通常，与其他人交流线路的方式很有用，如一起试攀。每位攀石者都有各自的优点和缺点，攀石者可以从他人身上学到很多东西，从而减少出错的概率，节省力气。

最佳的攀石策略是不存在的。攀石者必须找到适合自己的攀石方式。一种策略是让攀石者先尝试结束动作，因为它是完成线路的必要一步。然后，让攀石者尝试最困难的动作和起步动作。

分阶段完成所有的动作后，攀石者通常不会立即开始攀石。此时必须再次划分步骤。因为单一动作通常并不是最佳解决方案，如果是这种情况，攀石者必

谈论最佳的线路信息

须适应这些移动。只有充分休息并做好最佳准备（参见第91页，尝试准备），才能进行尝试。

在试攀和高难度攀石时，必须充分休息。攀石者总认为，自己只是做了一些动作，所以身体能够快速地百分之百地恢复。实际上肌肉恢复至少需要2~5分钟，即使是在进行省力的攀石，攀石者也应该充分休息，同时在每次尝试之前做好充足的准备并集中注意力。

热烈的气氛在高难度攀石中十分重要。攀爬巨石是荣誉和实力的象征，因此攀石者一旦在攀石杯决赛中遇到热情的观众，往往就会忽略自己的弱点，做出错误的线路选择。然而在高难度攀石中，攀石者应该思考和挑选适合自己的或者难度较低的线路进行攀爬。

攀石杯决赛中兴奋的观众

跑跳攀石

跑跳攀石要求攀石者有一定的创造力和耐力。由于力量有限，攀石者只能在一条线路上进行几次尝试。因此，对线路进行很好的分析在跑跳攀石中很重要，理想情况下，攀石者可以在第一次尝试中闪攀。

为了成功闪攀，攀石者必须花费时间分析和清理线路。同时，攀石者可以在支点间进行休息。正式攀石和尝试攀石之间，攀石者一般休息2~5分钟，否则他将很难顺利地完成攀石。如果1~3次尝试后仍不能成功攀石，那就完全忽略这条线路，攀爬下一条线路吧，或者稍后再试。

攀爬同一难度的线路时，跑跳攀石线路对攀石者的耐力要求更高，因此，攀石者可以不按固定顺序攀石，以便保存体力。但攀石者应尽早攀爬难度较大的或费力的线路。

比赛

攀石比赛非常受欢迎，几乎每个攀岩馆一年都会举办至少一次攀石比赛。此外，每年还会举办多馆竞赛。攀石比赛的魅力在于将大众运动与竞技运动紧密结合。在资格赛中，攀石者可以直接在场地内和攀岩明星同场竞技。你可以从热闹的攀石比赛现场看出攀石流行的盛况。

攀石受欢迎的原因之一在于攀石比赛设置了各类精巧且富有技巧性的攀石线路。此外，资格赛在开放模式下进行，攀石者可以在记录表上记录已完成的线路，同时攀石比赛现场往往热闹非凡又轻松自由。

一日赛

多数情况下，资格赛为期一天。根据场馆的大小，攀岩馆内一般有25~50条符合规格的攀石线路。同时攀岩馆需根据相关标准，对所有的攀爬线路或一定数量的难度较大的线路进行等级评定。资格赛结束后，不记录线路的攀爬次数，只记录攀石者是否完成攀爬。根据资格赛的结果，成绩靠前的攀石者能参加决赛。第一轮预选赛中通常没有裁判员，而决赛将由裁判员进行评判，此时，结果将不只是完成与否，裁判员还会计算到达得分点和结束点的次数。此外，在世界杯中，稳定抓握得分点可获得分数。除了这种“严谨”的决赛模式，还有许多其他形式的决赛模式。

资格赛阶段

另一种方式是持续数周的资格赛阶段。此时，攀岩馆里通常会设置更多的攀石线路（50~100条）。每个参与者会在资格赛阶段领取一个记录表，标记资格赛阶段所完成的线路。这激励攀石者在几周内攀爬尽可能多的线路。有时，比赛的动态结果会列在互联网上或张贴在攀岩馆内，如此一来，攀石者可以随时查看哪些线路被频繁地攀爬，哪些线路很少有人能攀爬成功。

资格赛中排名靠前的攀石者才有资格参加决赛。

训练项目

除了技术，力量是成功攀石的第二个关键因素。如果缺乏力量，攀石者就无法应用某些技术。例如，在屋檐型岩壁上攀爬需要手臂和躯干的力量；小脚点处需要小腿的力量；而在小手点处，尽管攀石者可以采取节省力气的姿势，但为了保持平衡，攀石者的手指也需要具备一定的力量。

有效训练

本章介绍了针对各个肌肉群的训练项目。例如，在手指力量不足的情况下，除了攀石练习，攀石者还应增加一些手指训练来增强必要的力量。当然，攀石者也可依据不同训练项目的特点，制订一个适合自己的训练计划，并且他能在20~30分钟完成该训练计划。理想情况下，攀石者应该在没有进行攀石或者至少没有集中进行高强度攀石的时间段里，每周做一两次这样的训练。由于攀石中手指受伤的概率很大，所以攀石者要尤其注意手指力量的训练。

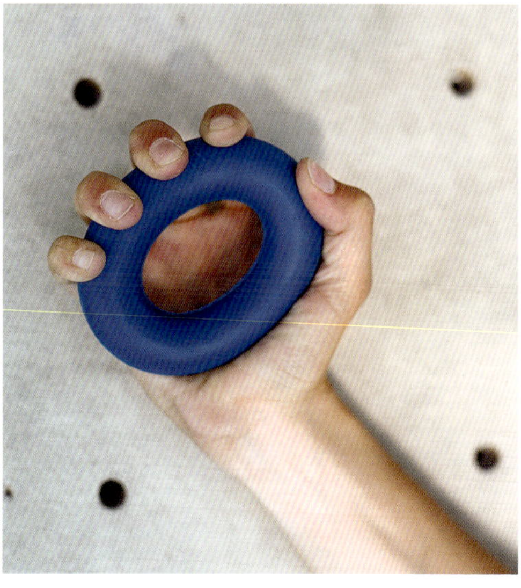

开始训练前，攀石者要对手指进行热身。最好的手指热身方式是揉橡胶圈

手指力量

攀石对手指力量的要求很高，这种高力量要求往往令攀石者感到不适应。在其他运动或日常生活中，几乎不会出现需要攀石者扣住双指洞或将手指搭在小支点上的情况。因此，攀石者必须逐步且缓慢地增加手指承担的压力，否则受伤的概率会很大。与攀石不同，在指力板上单独做手指训练，可以使攀石者合理调整针对手指的训练强度。

预防伤害

极端的支点形状会给手指的韧带、肌腱和骨骼带来很大的负担，为了不伤害自己，攀石者应该逐步且缓慢地增加压力。以下规则能帮助你在加压的过程中有效预防伤害：

- 在进行高强度训练之前，多次重复简单训练。
- 避免手指以过度牵拉或扭转的姿势放在支点上。
- 试着在指洞处缓慢增加压力。

攀石者应从悬挂稳定姿势开始练习，然后进行动态练习。多次进行单臂悬挂会使手指、肘部和肩部承受过多压力。为了避免在悬挂练习中出现手指负荷过大的问题，攀石者应肩膀用力，即一定要通过下拉肩胛骨固定肩部。

如图①，悬挂时，若肩部靠近耳朵，说明攀石者的肩部没有用力；攀石者应如图②所示，通过下拉肩胛骨固定肩部，此时攀石者的肘部略微弯曲。

此外，肘部也可能受到损伤，悬挂时，完全伸展会使肘部负担过重；同样，手臂肌群在悬挂时也要用力，手臂应略微弯曲，肘部应稍向内转。

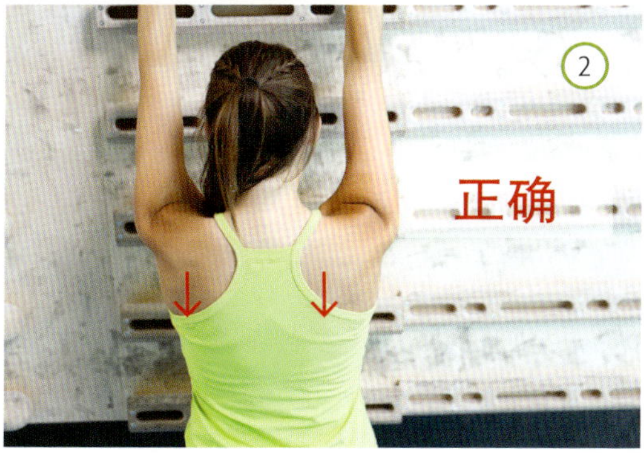

训练器材

可以在指力板上进行手指力量训练。指力板有时由木头制成，其设计符合人体工程学，可以保护手部皮肤。品牌制造商生产的指力板质量良好，板上有常见的各类支点，如指洞型支点和坡面支点。指力板常常安装在攀岩馆的训练区域，同时攀石者也可将在专门的运动用品零售店购买到的各种尺寸和形状的指力板放在家中使用。

训练中，间隔计时器很实用，攀石者可以把它当作秒表来使用。此外，专业指力板可与智能手机的应用程序相连，从而展示整个项目的训练时间、休息时间及重复次数。

可通过跳绳，揉捏橡胶圈或软网球等方式进行热身。

进行悬挂练习时，攀石者可以将重物捆绑在身上，或者穿加重背心来增加训练强度

调整难度

橡胶弹力带有助于缓解运动疲劳。此外，攀石者可以通过增加负重加大训练强度，一些攀岩馆会在训练区提供加重背心。

热身

在进行手指力量的训练之前，攀石者一定要热身。首先通过1~2分钟跳绳或原地跑激活身体，然后在大型支点上做3~5个引体向上，并揉捏1~2分钟橡胶圈或软网球。最后，进行两次前臂伸展运动，每次10秒（参见第100页图片）。

前臂伸展运动

重复——耐力训练

由于韧带和肌腱需要慢慢适应压力，所以开始训练时，新手应进行重复练习。该方法强度较小，可以训练最大力量和耐力，同时降低受伤风险。

步骤

双臂悬挂7秒，然后站立休息3秒，重复6~8次，为一组。在每个支点上做3组，休息2分钟。换到下一个支点，并重复该步骤。

负荷

- 悬挂7秒，休息3秒。
- 重复6次。
- 在每个支点上做3组。
- 做完3组后，休息2分钟。

支点顺序

- 大型支点（热身）。
- 可以放置2~3根手指的指洞型支点。
- 可以放置两个指节的平台型支点。
- 可以放置一个指节的平台型支点。
- 坡面支点。

选用的支点应可供攀石者完成6次负重训练。如有必要，可通过增加或减少负重来调节训练强度。

最大悬垂法——最大力量

可以通过最大悬垂法提升手指的最大力量。由于此方法难度较大，因此攀石者应经过一两年的训练再使用这一方法。

支点测试

为了保证在使用最大悬垂法训练时训练难度合理，攀石者必须在第一次训练前测试支点宽度，并在不同的支点处进行尝试。为了使攀石者能竖起手指关节，依靠第一个指节挂在支点上，支点上沿应有14~20 mm宽。若支点上沿有20~30 mm宽，则攀石者可以使用悬挂指式，依靠第二个指节挂在岩点上。如果攀石者可以在岩点上悬挂约15秒，则训练难度较为适宜。攀石者可以通过减少负重或增加负重来调整训练难度。

步骤

双臂悬挂在岩点上，每次10秒，悬挂结束后休息1~2分钟，每个岩点做5组。

负荷

- 每悬挂10秒，休息1~2分钟。
- 在每个支点上做5组。

岩点顺序

- 可使用悬挂指式，依靠第二个指关节悬挂的支点（必要情况下用两根或三根手指）。
- 需要竖起手指关节，依靠第一个指关节悬挂的支点。

① 悬挂指式
② 竖起手指关节

手臂拉力

在进行远距离移动、双手交替悬挂身体向前移动及动态移动时，攀石者需要运用上臂的屈伸肌肉。如果攀石者可以完成10个引体向上，说明其肌肉的基础水平较好。

训练器械

攀石者需要在单杠上做引体向上训练。在家中训练时，攀石者可将门上的引体向上横杆作为训练器械，也可以利用指力板上较大的支点做引体向上训练。

调整难度

攀石者可以通过做斜身引体向上或使用橡胶弹力带来调整引体向上的难度。未进行过引体向上训练的新手也可以掌握斜身引体向上。通过增加负重或调整训练内容可以加大引体向上训练的难度。

热身

攀石者首先应通过1~2分钟的跳绳或原地跑激活全身，从而达到热身的效果。接着在大支点处做两组引体向上，每组3~5个。最后进行两次上臂拉伸练习，每次10秒。

① 斜身引体向上——脚后跟着地，身体绷直。身体倾斜度越大，引体向上的难度就越大
② 正握引体向上
③ 反握引体向上

100个引体向上

这一训练的目标是分5组完成总共100个引体向上。如果攀石者觉得训练量过大，可以调整为分5组完成60个或80个引体向上。

攀石者的训练量应当是从少到多、不断增加的，比如先做20组，每组5个。在长期训练中，攀石者为快速提升自己的力量，可将训练单位从做14组、每组7个、再加2个，提高为做10组、每组10个，最后达到做5组、每组20个。如果攀石者可以完成这一训练量，则可以通过增加负荷等方式提升训练难度，以达到更好的训练效果。

为避免训练枯燥或是承重不均的情况，攀石者可以在引体向上训练中尝试更多不同的训练方式。

步骤

- 每做1组引体向上，休息1分钟。
- 每做2组，休息1分多钟。

动作变化（参见第103、104页图片）

图①为正握姿势，双手与肩同宽。

图②为反握姿势。

图③为正握姿势，双手靠近。

图④为正握姿势，双手比肩宽。

图⑤为L形引体向上（身体呈L形）。

右上方配图：上臂的拉伸练习

2
4

ABC训练

ABC训练是一种难度较高的训练方式，攀石者经常使用这一方式进行训练。ABC训练的本质是引体向上和上肢锁定的结合。首先从引体向上的姿势开始，肘关节呈120°，保持5秒，上肢锁定（A1）。接着身体继续向上，肘关节呈90°，锁定5秒（A2）。然后身体继续向上，肘关节呈30°，保持5秒（A3）。攀石者应不断重复上述引体向上加上肢锁定动作（B1~B3、C1~C3……），直到无法继续。攀石者重复进行4组，就可以收到较好的训练效果。此时攀石者休息5~10分钟，重复做1~2次ABC训练。

步骤

- A：
  引体向上姿势，肘关节呈120°，锁定5秒（如图①）。
  引体向上姿势，肘关节呈90°，锁定5秒（如图②）。
  引体向上姿势，肘关节呈30°，锁定5秒（如图③）。
- 练习B1~B3，直到力气用尽。
- 休息5~10分钟。
- 按上述步骤继续进行ABC训练。

若想提升难度，还可以采取依靠第一个指关节或第二个指关节悬挂的姿势在指力板上进行ABC训练。

①～③ ABC训练

支撑力

现代攀石运动往往要求攀石者具有良好的支撑力，特别是在依靠手臂向下用力撑起身体翻上岩壁时。此外，在移动过程中攀石者需要用一只手抓握新支点，另一只手支撑或者推动身体。

我们可以通过各种类型的俯卧撑来训练支撑力。其中，迷你双杠训练难度较大。除此之外，我们还需要对整个核心肌群进行额外的训练。

器材

进行俯卧撑训练一般不需要使用器材。虽然俯卧撑架可以减轻手腕负担，但它们并不是进行训练所必需的工具。如果需要，你可以在大多数攀岩馆的训练区内找到迷你双杠。

热身

通过减少热身运动的重复次数来完成支撑力训练前的热身。训练时，攀石者连续进行所有的练习，但只重复练习3~5次。也可以通过1~2分钟跳绳热身。

① 用一只手抓握新支点，另一只手支撑或者推动身体翻上岩壁

② 和 ③ 典型的支撑力移动

俯卧撑训练

各种类型的俯卧撑训练（参见第108页的图①~图⑥）可以训练支撑力和核心肌肉力量。每次练习需要做10~15次俯卧撑，然后休息1分钟。两次训练为一组，上述练习过程需要重复3组。

双膝着地可以降低训练难度，撑起双膝可以增加训练难度。重要的是攀石者在做俯卧撑时后背不要“塌下”。此外，轻轻收缩腹部可以保持身体紧绷。

步骤

- 每次练习都要进行3~5次热身运动。
- 第一次练习重复10~15次。
- 休息1分钟。
- 第二次练习重复10~15次。
- 各组练习之间相隔5分钟。
- 按上述步骤进行第2组和第3组练习。

不同类型的俯卧撑

图①为肩臂同宽俯卧撑。

图②为前臂着地平板支撑。

图③为窄距俯卧撑。

图④为左右交替横向移动俯卧撑。

图⑤为姿势保持10~15秒的俯卧撑。

图⑥为单臂俯卧撑（一侧手臂5~8次）。

俯卧撑架和迷你双杠

1

2

3

4

5

6

迷你双杠训练

迷你双杠训练具有一定挑战性，对增强支撑力和核心肌肉力量非常有效。该训练有不同难度的练习方式。

由于迷你双杠训练需要用到最大力量，因此该训练的重复次数较少。

进行迷你双杠训练同样要从热身运动开始，即每次练习时先做1~2次热身运动并保持3~5秒，然后开始正式训练。每项训练须完成3组练习，一组练习结束后休息1分钟，每项练习之间可以休息1分钟。

步骤

- 每次练习时做1~2次热身运动并保持3~5秒。
- 练习1，第一组。
- 休息1分钟。
- 练习1，第二组。
- 休息1分钟。
- 练习1，第三组。
- 休息1分钟。
- 练习2，按上述步骤重复进行3组。

支撑屈膝（保持10秒，练习3组）

用手臂支撑身体，膝盖尽量向胸部屈近。保持这个姿势10秒。

① 和 ② 支撑屈膝
③ L-支撑

L-支撑（保持10秒，练习3组）

用手臂支撑身体，保持双腿向前伸直。为简化动作，可只将一条腿向前伸展。

蛙式变型或乌鸦式支撑（保持10秒，练习3组）

蛙式：用手臂支撑身体并将腿放在上臂外侧（如图①）。

双腿乌鸦式：用手臂支撑身体，从后方将膝盖紧贴肘部（如图②）。

单腿乌鸦式：和上一个动作大体一致，但是一条腿要向后伸展（如图③）。

倒立（保持20~30秒，练习3组）

靠墙倒立（如图④）。

L-支撑摆动（3~5次，练习3组）

变式动作1：用手臂支撑身体，双腿伸直，脚后跟着地，双脚朝上翘起，然后身体向后摆动直到成为俯卧撑的动作（如图⑤~图⑧）。

变式动作2：与上一个动作大体一致，但是脚在L-支撑时没有接触地面，腿在向后摆动之后回到起始位置。保持2~3秒再继续向后摆动（如图⑨和图⑩）。

5

6

7

8

9

10

深度俯卧撑（重复8~10次，练习3组）

在做深度俯卧撑时，攀石者的下巴应与地板轻微接触（如图①）。

双杠撑起（重复8~10次，练习3组）

脚后跟着地撑起或增加双杠高度悬挂式撑起（如图②）。

躯干力量

在攀石期间，若要攀爬大仰角的线路，攀石者的身体就需要具备足够的张力。攀石者无需任何装备即可开展身体张力的训练（无装备训练）。当然，攀石者也可以借助单杠进行练习（单杠训练）。具体而言，攀石者可以进行如下训练。由于完成这些训练所需的时间都相对较短，所以可以将其作为补充，配合其他训练一起进行。

无装备训练

无装备训练包含了一系列强度较低的训练方案，非常适合初学者进行平衡训练，每种训练方案都有不同的难度级别，使用创新方法训练是最困难的。每次运动应持续45秒，如果无法坚持完成，可以切换为更简单的训练方案或缩短训练时间。

尤其是在屋檐型岩壁处，攀石者需要发挥强大的躯干力量

步骤

- 热身：跳跃1~2分钟或跑步。
- 进行第一组练习。
- 休息30秒。
- 进行第二组练习。
- 休息30秒。
- 进行第三组练习及其他训练方案。
- 如有必要，请在一轮训练后重复上述步骤。

抬腿训练

将一条腿从俯卧位抬起，使其向上抬至不能再拉伸为止（如图①）。同时抬起对侧的手臂。更困难的变体：膝盖尽量不弯曲（如图②）。

俯卧撑保持训练

把身体撑高，腹部、背部紧绷，将该状态保持45秒（如图③）。

更难的变体：单臂支撑，20秒后更

换另一条手臂（如图④）。

背部抬升训练

双臂交叉放在头部后方，将双脚脚后跟放在地板上，从仰卧位抬起上半身，使大腿和躯干形成一条线（如图①）。

更难的变体：将一条腿慢慢抬起，并使大腿保持在与臀部成90° 的位置。20秒后更换另一条腿（如图②）。

甲壳虫伸缩训练

仰卧，抬起手臂和腿。保持手臂与身体平行。每隔5秒，交替伸展和弯曲一条腿（如图③）。

更难的变体：在躯干伸展时，双臂悬空举过头顶并与身体保持平行。每隔5秒，交替伸展和弯曲一条腿（如图④）。

反向拉伸

从俯卧位开始，上臂与躯干成90°。保持前臂垂直，双手放在地板上。尽可能将肘部向上拉（如图①）。

更难的变体：如上所述操作，但是无须抬高身体，趴在地上，腹部着地。以肩为轴向两侧伸展上臂（如图②）。

背部抬升训练

在双臂向后支撑的基础上抬升背部。臀部弯曲，双肘伸展（如图③）。

更难的变体：保持上身伸展。双脚只以脚后跟着地（如图④）。

拉伸训练

向前迈出一条腿成弓步姿势。尽可能向后伸展呈跪姿的腿一侧的手臂，上半身不要弯曲。尽量保持姿势20秒，然后更换另一只手（如图①）。

前臂侧支撑训练

侧身，用手肘前臂支撑地面把身体撑起。另一只手臂在头部上方伸展。保持双腿平行。抬起臀部，使腿、躯干和伸展的上臂保持一条直线。20秒后更换另一只手（如图②）。

更难的变体：大腿向上抬升。不要弯曲身体，同时保证身体与小腿和手臂保持在同一垂面上。20秒后更换另一只手（如图③）。

单杠训练

攀石者在借助单杠进行体能训练之前，应先通过1~2分钟的跳绳或者慢跑运动进行热身。之后可以减少热身动作的重复次数。

步骤

- 重复3~5次热身动作，每次坚持3~5秒。
- 将图①所示动作重复10次。
- 休息1分钟。
- 将图②所示动作重复10次。
- 完成第一轮练习后休息5分钟。
- 第二轮和第三轮练习的内容与第一轮练习相同。

在单杠上卷腿（重复5~10次）

在单杠上将双腿蜷缩（轻微地）或者使其伸展到胸部上方的位置（如图①和图②）。

雨刷式举腿（重复5~10次）

在单杠上，伸直的双腿像汽车上的雨刷一样左右来回摆动（如图①）。

水平悬垂（保持5~10秒）

水平悬垂可以划分为不同难度等级。最容易的是图②所示动作——双腿蜷缩悬垂。较难的是图③所示动作或图④所示动作——单腿或双腿伸直悬垂。大多数专家建议攀石者模仿德国运动员杨·霍耶氏，将小指悬挂在单杠上进行训练。

腿部力量

虽然攀石运动看似很少用到腿部力量，但是在做上高脚和直身动作时，由于缺少手臂支撑，攀石者有时候就需要单腿深蹲支撑身体。

关于腿部力量训练的项目并不是很丰富，因此可将其与其他训练项目结合起来。攀石者可以通过波比跳（如图①～图⑤，详细动作描述请参阅第122页）和双腿深蹲进行热身，并在不同训练项目里增加单腿深蹲练习。

在做直身动作时需要腿部发力

步骤

- 做10个波比跳，10个深蹲。
- 休息1分钟。
- 将腿搭在后方椅子上做12个单腿深蹲（每侧6个）。
- 休息1分钟。
- 做6个单腿深蹲（每侧3个）。
- 休息1分钟。
- 做6个侧蹲（每侧3个）。
- 现在把所有动作倒着做一遍。即首先是侧蹲、单腿深蹲，然后是在椅子上做单腿深蹲以及波比跳。

1

2

3

4

5

波比跳

请参见第120~121页动作示意图：图①为站立；图②为双手撑地下蹲；图③和图④为俯卧撑跳，这个动作需要双脚前后来回跳跃，使身体姿势在俯卧撑与下蹲之间不断转换；图⑤为直身后进行伸展跳跃。

在椅子上做深蹲

把脚背搭在椅子或凳子上。将站立腿的膝盖弯曲至90°（如图①）。

单腿下蹲

单腿下蹲呈手枪的样子，这个动作对腿部力量和身体的平衡性要求很高（如图②）。如果可以像图③一样在别人的帮助下稳定身体，或者像图④一样垫一个凳子，伸展的腿就有了一定的活动空间，从而降低了动作难度。

侧蹲

深蹲的同时将一条腿侧向放置。借着保持深蹲的状态，通过伸展弯曲的腿把重心转移到侧面的腿上，并逐渐弯曲侧面的那条腿（如图⑤）。

1

2

3

4

5

柔韧性

攀石者在上高脚、极端支点上支撑或者把髋部贴近岩壁时，都需要柔韧性。最重要的是髋部、腿部与肩部的柔韧性。衡量一个人柔韧性的标准就是，肌肉的拉伸范围和关节的活动范围。

在上高脚或者挂脚时需要大腿后侧和髋部肌肉拉伸以及鼠蹊部发力。

攀石者可以通过扩大关节的活动范围和拉伸肌肉来锻炼柔韧性。除了传统的拉伸运动外，动态拉伸练习对于肌肉拉伸也很有帮助。比如，瑜伽和综合格斗。

上高脚时需要大腿后侧肌肉拉伸以及鼠蹊部发力

动态拉伸练习

该项目包含一系列的练习，每隔2~3组练习休息10秒。根据个人喜好，攀石者可以调整该项目的具体练习内容，也可以延长或者缩短练习时间，还可以删除此项目的练习计划。

上举伸展练习

这个动作可以锻炼肩部的柔韧性和力量。攀石者与岩壁相隔一脚距离，双手交叉叠放，双臂向上并朝后方伸展，直到触碰到身后的岩壁。然后再从这个位置轻轻地朝前推肩膀，但是不要使手离开岩壁。把头部轻轻地往后伸并夹在两个胳膊之间（如图①）。

月亮式

躯干运动。起始位置与前一式一样，但此时双手交叉高于头顶，手臂伸直摆向一侧。向左右两侧重复相同动作（如图②）。

体前屈

腿部、髋部运动。从站立姿势开始伸直腿和背部，双手沿着腿的方向伸直，尽量触及地面（如图③）。

双臂伸直体前屈

腿部、髋部和肩部运动，可锻炼肩部力量。与体前屈动作大致相同，但是此时双手在后背交叉并尽量向身后伸展（如图④）。

锻炼胸肌

锻炼胸肌和肩部肌肉。把脚放在墙边，靠近墙的腿往前伸。把一只手臂举起来，向后伸，抵在墙上。试着把头转向与所举手臂相反的方向。转动上半身，可以拉伸胸部和肩部肌肉，左右两侧交替重复相同的动作（如图⑤）。

三头肌

手臂和肩部运动。站起来举起一只手臂，把手放在背后，用另一只手按住手肘，形成轻微的拉伸。左右两侧交替练习（如图⑥）。

战士式

腿部、躯干和肩部运动，可锻炼肩部力量。站立时脚与肩同宽，将一只脚向外旋转90°，同侧手臂触及地面。另一侧的腿伸直，同侧手臂指向天花板。上身转向前方。左右两侧交替练习（如图⑦）。

弓形式

髋部运动，可锻炼平衡能力和腿部力量。左腿站立，右手抓住右脚，向上拉伸。用一只手握住脚部可以降低动作难度。左右两侧交替练习（如图⑧）。

单腿支撑平衡

髋部和肩部运动，可锻炼肩部和腿部力量。单腿站立，另一条腿向后伸展，手臂向前伸展，直到腿和手臂成一条直线。双臂向前方拉伸。左右两侧交替练习（如图⑨）。

单腿站立

腿部和髋部运动，可锻炼腿部力量和平衡能力。单腿站立，双手抓住另一只脚，脚主动蹬出。尽可能地将腿向前伸直。左右两侧交替练习（如图⑩和图⑪）。

相扑深蹲

髋部运动。把手肘放在膝盖内侧，手掌并拢。用手肘外侧抵住膝盖（如图⑫）。

攀石训练技巧

运动练习贵在坚持。

身体向后弯曲

髋部和肩部运动。髋部在膝盖上方，脚尖回勾，双手抓住脚后跟。此动作可以使髋部向前挤压（如图⑬）。

其他注意事项

受伤会使人们丧失对攀石的兴趣。在接下来的章节中，您将学会：如何避免意外受伤，以及受伤时如何缠绷带。除了成人，孩子也能在攀石中体验到极大的乐趣。此章节还补充了一些针对儿童的攀石运动技巧。最后，您可以在术语表中查阅一些重要的攀石概念。

受伤

攀石者在攀石时难免会受伤。除了手部皮肤，手指环形韧带也可能受到损害。绷带可用于预防和治疗手部皮肤和手指的损伤。

预防性绷带

例如，在高难度攀石（参见第93页）中反复使用高强度动作攀爬同样的线路，会给手部皮肤带来相应的负担。表明这一问题产生的第一个迹象是皮肤有轻微刺痛，甚至出现暂时性的撕裂或长时间的损伤。

通过在手部相应部位缠上绷带，可以避免皮肤受伤。

除了皮肤，抓握某些手点也给手指关节带来了巨大压力。为了防止受伤，可以通过绷带稳定关节。然而，攀石者通常不会提前在关节处缠上绷带，因为绷带会妨碍关节、韧带和肌腱的激活。

治疗性绷带

攀石者在受伤或出现超负荷综合征时，可以借助绷带进行治疗。

环形绷带

环形韧带具有特殊的功能。一方面，它能将手指的屈肌腱固定在手指的骨骼上；另一方面，在竖起手指时，环形韧带必须进行繁重的工作。因此，当竖起手指关节攀石时，手指可能会出现疼痛难耐的撕裂伤，甚至出现环形韧带撕裂。在这种情况下，应该停止训练，并咨询运动医学方面的专业医生。

攀石者应该在手指相关部位缠上绷带。具体操作为将一条大约10 cm长的绷带从两边剪开或撕开，中间留1 cm宽的连接部分（如第131页图①）。

绷带连接处缠在手指底部，恰好避

开关节，因此手指可以自由弯曲。绷带两翼紧紧地粘在一起，其余部分也可以粘在一起（如图②）。

环形绷带应该在治疗阶段（1~2个月）缠在手指相应部位。

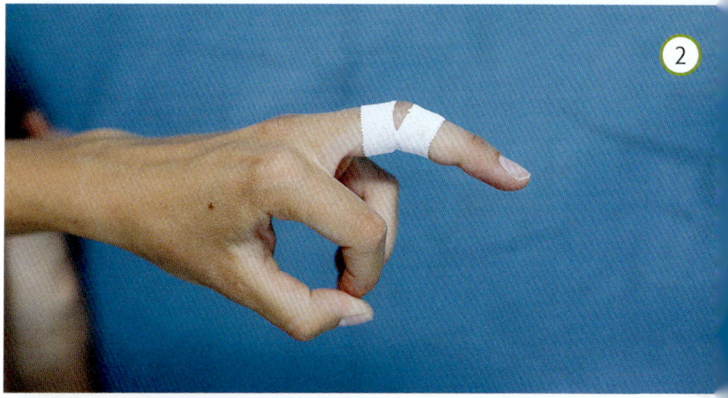

手指关节受伤

尤其是在岩壁缝隙处抓点时，手指关节承受了巨大压力。使用8字形绷带，可以减少对手指活动的干扰。

把手指伸直，先从近端关节开始，交叉缠绕绷带，然后在远端关节缠绕一圈（如图③），接下来再从手指下方绕一圈，最后在近端关节绕一圈（如图④）。在环形韧带受伤时，攀石者常用这种缠绕方式。

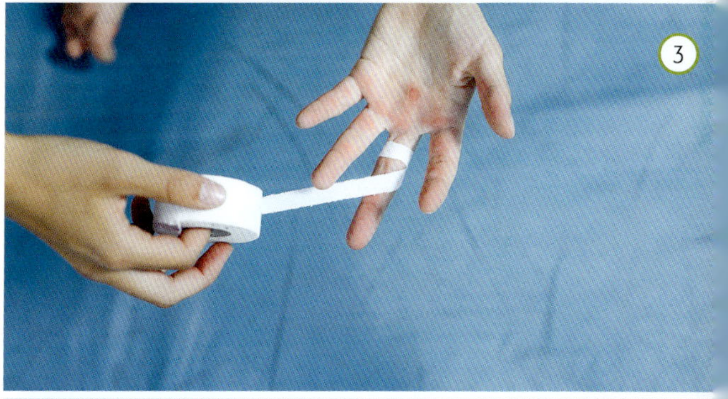

肘部不适

攀石给肘部带来过度负荷和刺激，造成所谓的网球肘。通过在肘部弯曲处缠绕一条相对松弛的绷带可以减轻疼痛。

绷带要适合弯曲的肘部和绷紧的二头肌（参见第130页图片），以保证前臂的供血。肌肉放松时，这种绷带会有轻微褶皱。

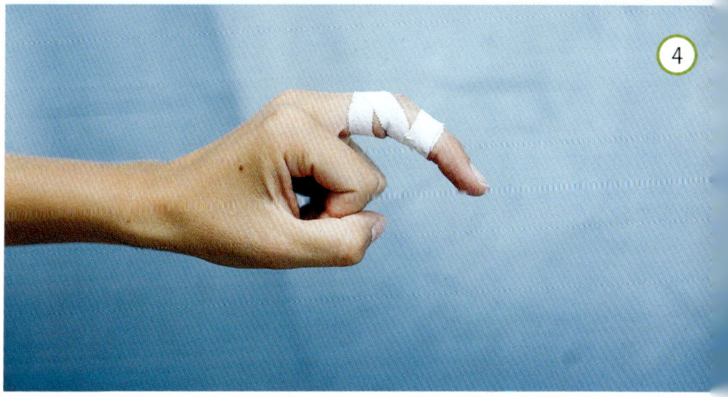

儿童攀石

攀爬是一种出自本能的运动。当人们还是小孩时，就已经尝试着攀爬各种东西。热衷攀岩和攀石运动对孩子来说是天性使然，所以应当鼓励他们对这类运动的渴望。攀石对儿童的成长发育有很多积极的作用：在生理上，它可以训练儿童的力量和协调性；在心理上，它有助于培养自信，帮助儿童进行现实的自我评估，以及学会如何面对失败。此外，儿童可以和父母、朋友一起进行攀石运动，从而促进沟通。

年龄

6~8岁是攀石的最佳起始年龄。在攀岩馆内，孩子们应该遵循规则，根据指导在小组中进行攀石运动。针对这个年龄段及以上的孩子，攀岩馆还开设了相应的攀石课程。

如果父母从事攀石运动，那么他们的孩子差不多3岁就开始攀石了。当然，他们的水平不能和大一点的孩子相比。但这个年龄的孩子已经有了爬上岩壁、探索攀石运动的愿望。所以，父母应该给予他们相应的帮助和安全保护。

许多11岁左右的孩子能够在父母的监督下独自或在有组织的小组中进行攀石运动。所以，参与者的年龄层级也反过来影响了孩子的成熟程度和攀岩馆的年龄规定。

安全

孩子还意识不到攀岩馆内的危险。因此，为了把孩子对运动的渴望引到正确的道路上，成年人的监督必不可少。攀岩馆为孩子们提供了充足的空间，让他们可以做一些令人兴奋的事情，比如，在垫子上蹦蹦跳跳；满场馆地嬉戏奔跑；从倾斜的垫子上滑下。但是这些事情存在风险，因此在攀石区是禁止的。成年人应当为他们树立遵守基本安全规则的良好榜样。

跳跃、脱落和着陆的教学对儿童和青少年来说尤为重要。首先，由于儿童体型较小，其冲坠的相对高度与成人相比明显要大。其次，他们仍处于生长期，应避免对脊柱造成垂直压力。因此，他们要尽可能多地练习倒攀和冲坠缓冲（参见第14页，婴儿般蜷缩式姿势），以及着陆和滚翻。

装备

除了舒适的服装，攀岩鞋也相当重要，因为攀岩鞋的鞋底有良好的摩擦性能。多数攀岩馆都提供儿童攀岩鞋，在租鞋时应按照平时穿鞋的尺寸进行选择。

技术

触及范围

对儿童来说攀石中最大的问题是触及范围有限。起初，儿童只管随意向上爬，不用考虑支点的颜色，即可以抓握不同颜色的支点攀石。有时，他们也想像成年人一样，沿特定颜色的支点线路攀石。在这种情况下，儿童可以借助附加支点来进行攀爬。如果成年人能预先估计并设定好额外的手点和脚点，这将对儿童攀石十分有帮助。

坡面开放支点

由于儿童的手很小，他们无法握紧这类支点。因此，对儿童来说，应该避免抓握向下倾斜的坡面支点。

被动悬挂

仰角和屋檐型岩壁对儿童来说特别有吸引力。可惜的是，由于儿童肩部肌肉力量不足，其肩部常常无法收紧（参见第98页，手指力量），这容易导致儿童受伤。因此，要避免这类情况。在童年时期让儿童进行提升躯干和肩部力量的训练是很有意义的。为了完善儿童攀石运动，还应让儿童进行游戏式的训练项目。

手指直立抠点姿势

由于儿童和青少年仍处于成长期，骺板（骨骼的生长关节）尚未闭合，所以骺板的损伤会阻碍儿童和青少年的生长发育。直立的手指姿势极易对骺板造成损伤。采取这种姿势攀石对成年人通常不会产生什么问题。但是，这一伤病在儿童和青少年的攀石过程中经常发生。因此，要确保儿童不会超负荷运动，有条件的话，可以让儿童进行预防性的体检。

对孩子不能要求过高

和孩子一起进行攀石很有趣，父母也会为他们孩子的才能感到自豪。尽管攀石带来很多乐趣，人们还是要注意：不能对孩子要求过高。总有些日子，孩子不想攀石，或者他们有其他更重要、更有趣的事情去做。所以，要注意到这一点，鼓励孩子对运动的渴望，但不要强求。

儿童攀石区的游戏

多数攀岩馆里都有一个儿童攀石区，为孩子提供攀石设施，家长可以在这里和孩子一起玩耍。

以下是一些入门建议：

- 收集物品。把毛绒玩具、人偶、主锁或其他物品分别放置在攀石区的岩壁上，让孩子收集它们。
- 围绕吸管来回攀爬。将吸管插在螺丝孔当中以标识线路。儿童须在不触碰它们的条件下围绕吸管来回攀爬。
- 穿过走廊。用攀岩绳和跳绳围成一条越来越窄的走廊。儿童试着往高处爬。须注意他们最终会坠落到垫子上。

此外，儿童可以玩带来的或现有的玩具。有时，儿童攀石区也提供秋千、平衡玩具或滑梯等设备。

（可爬行通过的）小洞

将一根打结的绳子挂在一个大的抓点上。儿童须从绳结中间穿过。

物品收集

在靠近岩壁的地面上摆放不同物品，岩壁上固定一个桶或袋子。儿童在收集物品的同时在岩壁上横移，并将物品放入桶或袋子中。

球类艺术家

孩子需要在岩壁上攀爬一段预设距离，在此期间，他们需要运输1~2个软球，可以通过将软球夹在肘部、膝盖打弯处或两腿之间的方式进行运输。

结组（攀登小组）

两个孩子用一根跳绳相连，绳子松松地别在裤子上。此时他们组成一个攀登小组，共同攀爬一段预设距离。须注意绳子不可以打结固定，这意味着其中一个孩子坠落不能牵动另一个孩子坠落。

小孩子也喜欢攀石

术语表

埃及式

侧身动作的一种极端行为，也被称为“深压膝法”。需要攀石者将膝盖努力朝下压。因为这个动作与壁画上埃及人的形象具有相似性，所以将其命名为“埃及式”。

臂展

臂展也被称为“猿指数”，用来表示手臂的伸展长度。通常情况下，两条手臂水平伸展开的长度和身高大致相等。在攀石时，手臂伸展能力较好的人更有优势。

试攀

攀石者需要一点一点地移动，通过尝试和思考总结出最佳运动序列。

线路信息

线路信息是解决攀石线路问题的专业术语，是促使攀石成功的运动序列。

攀石会议

攀石者可以与朋友、熟人或其他攀石爱好者一起参加攀石会议，共同研究攀石问题的解决方案。

闪攀

攀石者第一次尝试就完攀一条线路。此过程中，攀石者可以借鉴其他人的线路信息，如观察他人攀石。

枫丹白露标准

枫丹白露标准是攀石体系最通用的难度衡量标准。这个名字来源于法国巴黎的攀石区“枫丹白露”。人们根据这个标准，几乎可以对全世界的攀石线路进行难度级别划分，该标准还区分了纵向攀爬和横向攀爬。在攀岩馆里，人们很难根据枫丹白露标准对一条独立的攀石线路进行难度判定。因此，攀岩馆通常是把线路的颜色作为难度评判的标准。

埃及式

双人攀石

一种只能两个人一起攀爬的攀石运动。

高攀石

5~6 m高的巨石。攀岩馆里一般没有这么高的巨石，因为场地标准限制了巨石的最大高度。

耐力

这在攀石中很重要。当必须持续多次攀爬时，耐力水平将决定攀石者能否成功。

极限力量

攀石者瞬间爆发的最大力量，这在攀石中很重要。

跑跳攀石

跑跳攀石指的不是体育运动中的跑酷项目，而是攀石者在大量不同颜色的攀石线路上跑跳。

目标线路

一种高难度线路，攀石者只有经过多次尝试才能成功完攀。有时，攀石者甚至需要好几年的尝试才能成功。

纵攀石

纵向攀爬的线路。

记录单

记录攀石者已经攀爬过的线路的单子。

横攀石

朝向一侧、需横向攀爬的线路。

罗申

这套丛书全面介绍了德国登山和攀岩的技术和经验，对我国登山和攀岩爱好者而言，是一套很好的、可以学习和借鉴的读物。

——两次登顶珠穆朗玛峰的高级教练

厉国伟

他山之石，可以攻玉！这套丛书对我国攀岩运动的发展有很好的借鉴意义。愿读者在科学、安全、环保的前提下亲近自然、走进雪山、乐享人生！

——中国登山协会副秘书长、国家体育总局登山运动管理中心攀岩部主任、亚洲攀岩理事会竞赛主任

邓军文

这套丛书由嘿森林(北京)体育科技股份有限公司集中引进，丛书对攀岩装备、安全、心理、技术等方面进行了详实的介绍，是攀岩教师、教练员、爱好者不可多得的读物，对从事户外运动的人有极大的帮助。

——我国早期推广普及攀岩运动的大学教师、中国地质大学（北京）体育部副教授

丁祥华

德国登山协会（DAV）多年来大力普及推广攀岩运动，积累了丰富的经验，这套丛书作为其重要成果值得我们学习借鉴。

——第一届全国攀岩锦标赛冠军、国家级教练、国家体育总局登山运动管理中心开发部主任